짝 단어로 끝내는

collocation

5·6
학년용

바빠
초등 영단어

youth culture   daily exercise

이지스에듀

지은이 | **한동오**

한동오 선생님은 제 7차 영어 교과서 개발에 참여한 바 있으며, 영어 교육 과정과 학교 시험에 정통한 영어 교육 전문가이다. KD 강남대치영어학원 원장을 역임하였고, 잠실 럭스어학원을 기획 설립하였다. 치열한 영어 학원가에서도 잘 가르치기로 소문난 명강사이며, 메타교육 컨설팅 연구소 대표이기도 하다.

미국 예일대학교 디베이트 협회(YDSL)와 ASFL 영어 디베이트 협회가 연계한 Coach 및 Judge 자격을 가지고 있으며, 영어 디베이트 대회 심사위원으로 활동하였다. 여러 권의 영어 분야 베스트셀러를 집필한 저자이기도 하다. 그동안 개발한 교재는 국내뿐만 아니라 미주 지역, 대만, 태국, 중국 등지에서 사용되었으며, 캐나다 교육청(Fraser Cascade School Board)으로부터 프로그램 교류에 대한 감사장을 받았다. 또한 영어 학습법 분야에서 발명 특허를 다수 획득하였으며 대한민국 발명가 대상, 국제 지식 저작권 협회장상, 캐나다 선진 기술 협회 특별상 등을 수상하였다. 그리고 학습법 발명 및 집필 공로로 대한민국 교육 분야 신지식인으로 공식 선정되었다.

그동안의 경험을 집대성해, 《짝 단어로 끝내는 바빠 초등 영단어-5·6학년용》과 《짝 단어로 끝내는 바빠 초등 영단어-3·4학년용》에 학생들이 영단어 학습을 효율적으로 할 수 있는 노하우를 담았다.

저서로는 《기적의 파닉스》《중학영어듣기 모의고사》《진짜진짜 사이트워드》 등 다수가 있다.

지은이 | **3E 영어 연구소**

3E 영어 연구소는 Effective Educational Experiences의 약자로, 단순히 지식을 전달하는 것에 그치지 않고, 학습자가 지식을 흡수하는 과정까지 고려해 가장 효율적인 영어 학습 경험을 제공하기 위해 연구하는 이지스에듀 부설 연구소이다.

짝 단어로 끝내는 바빠 초등 영단어 5·6학년용

(이 책은 2015년에 10월에 출간한 '바쁜 5·6학년을 위한 빠른 영단어'를 보완해 개정한 판입니다.)

초판 1쇄 발행 2024년 4월 1일
초판 2쇄 발행 2024년 5월 31일
지은이 한동오
발행인 이지연
펴낸곳 이지스퍼블리싱(주)
출판사 등록번호 제313-2010-123호
주소 서울시 마포구 잔다리로 109 이지스 빌딩 5층(우편번호 04003)
대표전화 02-325-1722   팩스 02-326-1723
이지스퍼블리싱 홈페이지 www.easyspub.com   이지스에듀 카페 www.easysedu.co.kr
바빠 아지트 블로그 blog.naver.com/easyspub   인스타그램 @easys_edu
페이스북 www.facebook.com/easyspub2014   이메일 service@easyspub.co.kr

본부장 조은미   기획 및 책임 편집 이지혜 | 정지연, 박지연, 김현주   표지 및 내지 디자인 손한나, 김민균
조판 트인글터, 김민균   일러스트 김학수   인쇄 js프린팅   독자 지원 오경신, 박애림
영업 및 문의 이주동, 김요한(support@easyspub.co.kr)   마케팅 박정현, 한송이, 이나리

ISBN 979-11-6303-555-8 63740
가격 15,000원

• **이지스에듀**는 이지스퍼블리싱(주)의 교육 브랜드입니다.
 (이지스에듀는 학생들을 탈락시키지 않고 모두 목적지까지 데려가는 책을 만듭니다!)

평펑 쏟아져야 눈이 쌓이듯,
공부도 집중해야 실력이 쌓인다.

초등학교 선생님부터 어문학 교수까지 명강사들이 적극 추천한
'바빠 초등 영단어 - 5·6학년용'

**원어민처럼 영어를 이해하려면
짝 단어가 해답!**

단어를 하나씩 따로 암기하면 그 단어의 느낌을 제대로 이해하기 힘듭니다. 또 원어민의 방식대로 언어를 이해하려면 그 단어가 어떤 단어와 연결되는지 알아야 하는데, 이때 콜로케이션(짝 단어)이 그 해답입니다.

Kesting 교수님(강원대학교 독어독문학과)

**초등학교 때부터 평생 영어 학습까지
도움이 되는 책!**

짝 단어 학습법은 개별 단어로 외울 때보다 훨씬 더 쓰임이 많고 효율적입니다.
초등학교 때 짝 단어로 기초를 쌓아 놓으면 초·중등 교과 과정, 수능 그리고 평생 영어 학습까지 도움이 되리라고 확신합니다.

김혜정 교수님(광주 여자 대학교 글로벌 영어교육학과)

**단어뿐만 아니라 영어 실력을
골고루 향상시켜 줄 책!**

이 책은 단어를 단순 암기가 아닌 짝 단어와 이미지 연상법을 통해 가장 효율적으로 기억하게 하고 단어 학습뿐만 아니라 독해와 영작, 더 나아가 영어 실력을 향상시켜 줄 것입니다.

유요셉 선생님(강남구청 인터넷수능 방송 중등 영어 강의)

**장기 기억으로 이어지게 설계된
과학적인 어휘 책!**

많은 학생들이 영단어를 외웠어도 장기 기억으로 이어지지 않아 힘들어 합니다. 이 책은 두뇌를 자극하는 과학적 방법이 총동원되어 오래 기억할 수 있도록 설계된 효과적인 어휘 책입니다.

허성원 원장님(허성원 어학원/YBM 잉글루 인창2학원)

**자연스러운 복습으로
자신감과 성취감을 맛볼 수 있는 책!**

이 책은 주제별로 단원이 이루어져 있고, 단원 별로 주제와 관련된 8개의 단어를 공부한 다음, 연습 문제로 복습하게 되어 있습니다.
자연스럽게 복습하며 단어를 암기하게 되어, 학생들은 자신감과 성취감을 맛보게 될 것입니다.

한승희 선생님(서울시 공립 초등학교)

**원어민이 실제 사용하는 표현을 익혀
표현력이 좋아지는 책!**

'바빠 초등 영단어'는 단어를 쉽게 외우면서도 원어민이 실제 사용하는 표현을 익힐 수 있는 매우 고마운 책입니다. 아이들이 어려워하는 영작문에 매우 유용할 뿐만 아니라 말하기, 듣기에도 두루 두루 도움이 되겠네요.

김경애 선생님(전 ASFL 디베이트 협회)

두 단어가 한방에 기억되는
짝 단어 학습법

한 단어씩 따로 외우는 공부는 이제 그만!

단어에도 짝이 있습니다. 예를 들어, '키가 크다'라는 문장에서 '키가'와 '크다'는 잘 어울리는 말입니다. 그래서 서로 짝이 됩니다. 그런데 한국어를 잘 모르는 외국인이 '키가 높다'라고 말하면 어색하겠죠? '키가'와 '높다'는 서로 짝이 아니기 때문이에요.

이처럼 단어에도 짝이 있는데, 영어로는 콜로케이션(collocation)이라고 합니다. 영어를 공부할 때 콜로케이션을 모르면 엉터리 영어가 됩니다. 예를 들어 '샤워하다'라는 말을 영어로 어떻게 표현할까요? '하다'는 do니까 do a shower라고 하면 될까요? 아니에요. '샤워하다'의 정확한 표현은 take a shower입니다. shower는 take와 짝이기 때문이에요.

두 단어를 외우는 시간은 같아도 효과는 2배 이상!

take와 shower를 따로따로 외울 때와 take a shower를 함께 외울 때 걸리는 시간은 같지만, 효과는 확연히 다릅니다. 함께 쓰는 단어끼리 모아 공부하면, 의미 있게 외워질 뿐만 아니라, 바른 영어 문장을 구사할 수 있고, 한 단어만 외웠을 때보다 그 단어에 대한 기억도 오래 갑니다. 또한, 이렇게 외울 때부터 짝 단어로 익힌 경험은 중학교에 들어가 자주 접하게 될 서술형 영작에도 큰 도움이 됩니다. 짝 단어를 알면 어색하거나 틀린 문장을 쓸 확률이 낮아지기 때문이지요.

하루 20개씩 30일이면 초등 필수 단어와 중1 단어까지 완성!

이 책에서는 초중등 영어 교과서를 분석해 초등 필수 단어 및 중학교에 들어가기 전에 꼭 알아야 할 단어 500개와 중요 예문 400개를 수록했습니다. 매일매일 서로 붙어 다니는 짝 단어를 하루에 20개씩 듣고 읽고 쓰다 보면, 한 달 만에 초등에서 중1 단어까지 끝낼 수 있습니다.

중학교 영어 교과 과정에서 짝 단어인 콜로케이션이 권장 학습으로 나와 있습니다. 짝 단어로 외우면 단어를 제대로 이해할 수 있습니다. 또한 듣고, 읽고, 말하고, 쓰는 능력이 원어민처럼 유창해지는 데 큰 도움이 되는 거죠. 한 단어씩 따로 외우는 공부는 이제 그만! 짝 단어(콜로케이션)로 진짜 영어를 배워 보세요!

이 책의 과학적 학습 장치들 – 두뇌의 속성을 이용한 효과는 놀랍다!

이 책은 학생들이 한 번 공부한 영단어를 오래 기억할 수 있도록 두뇌의 속성을 고려하여 만들었습니다. 이 책에 적용된 두뇌의 속성은 3가지입니다. 첫째, 생성 효과를 이용한 단어 쓰기, 둘째, 이미지 연상법을 활용한 단어 외우기, 셋째, 에빙하우스의 망각 곡선을 반영한 복습 설계입니다.

1. '생성 효과'를 이용한 단어 쓰기

인지 과학자들의 연구 결과, 철자가 빠진 부분을 채우게 하는 것이 단어를 더 잘 기억하게 하는 효과가 있다고 합니다. 이를 생성 효과(generation effect)라고 하는데, 빈 부분을 채우는 데 필요한 적당한 노력이 목표 단어에 대한 기억을 강화하기 때문입니다. 이 책의 〈쓰기 연습〉이 바로 생성 효과를 반영한 것으로, 일반 영단어 책들과는 달리 단어 암기 효과를 높여 줍니다.

단어	뜻, 짝 단어	쓰기 연습 [윗줄에 단어, 아랫줄에 짝 단어와 뜻 쓰기]
001 **job** [dʒɑb]	몡 ¹직업 ²일	j o b　　　j o b　　　j o b j o b　　　　　　　　직업 , 일
002 **dream** [driːm]	몡 꿈 a dream job 꿈의 직업	eam　　　dre a d　　　job　　　　　꿈의 직업

〈쓰기 연습〉의 빈칸에 철자와 단어, 뜻을 채우도록 구성했어요.
빈칸을 채우는 것은 기억을 강화하는 효과가 있어요.

2. '이미지 연상법'을 활용한 단어 외우기

기억에서, 이미지는 글자보다 훨씬 강력합니다. 한 번 본 그림을 다시 보여주면 봤던 그림인지 아닌지 금방 기억이 납니다. 그러나 글자는 그렇지 않습니다. 그러므로 단어를 이미지와 결합하여 기억하면 쉽게 잊어버리지 않습니다.

이 책에서는 이미지 연상법에 적용해, 한 과에 공부한 5개의 단어를 하나의 이미지로 표현했습니다. 이러한 장치는 단어를 더 쉽게 떠올리고 오래 기억하게 도와줍니다.

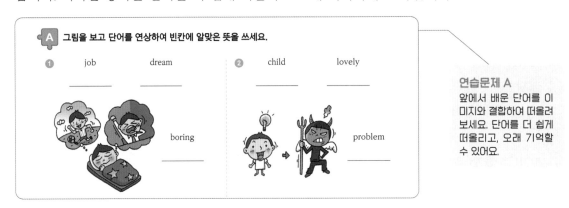

연습문제 A
앞에서 배운 단어를 이미지와 결합하여 떠올려 보세요. 단어를 더 쉽게 떠올리고, 오래 기억할 수 있어요.

3. 망각이 일어나기 전에 다시 기억하게 하는 '복습 효과'

독일 출신 심리학자 헤르만 에빙하우스는 최초로 인간의 기억을 연구했습니다. 시간이 지나면서 기억이 흐려지는 과정을 조사해 보니, 외운 지 10분 후부터 망각이 일어나서 1일 후에는 70% 이상이 사라진다는 것이 밝혀졌습니다. 한 번 외운 내용을 잊지 않으려면 10분, 1일, 1주일 안에 복습해야 합니다. 이 책에서는 책속책인 〈접이접이 노트〉와 본책의 〈총정리 01~10〉을 통해 자연스럽게 복습이 이루어지도록 설계했습니다.

본책의 진도에 맞춰 그 날 공부한 단어를 스스로 시험을 봅니다. 다음 날, 전날 공부한 단어를 확인합니다. 1일~1주일 후, 〈총정리〉코너를 통해 앞에서 배운 단어를 다시 테스트합니다. 이때 틀린 단어를 다시 한 번 써 보면 복습 효과가 극대화됩니다.

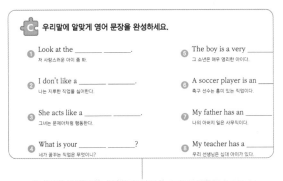

연습 문제 C
앞 과에서 배운 단어를 문장 속에서 어떻게 사용되는지 문제를 풀기 때문에 복습 효과를 키울 수 있어요.

총정리
앞에서 공부한 단어의 기억이 사라지지 않도록 지금까지 공부한 내용을 모아서 복습해요.

이 책을 효율적으로
공부하는 방법

1단계 | 원어민 발음 듣기

먼저 짝 단어와 단어에 익숙해지도록 원어민의 정확한 발음이 담긴 음성 파일을 여러 번 듣고 따라하세요. 노래를 한 번만 듣고는 따라 부르기 힘든 것처럼 영어 단어도 마찬가지예요. 익숙해질 때까지 최소 2~3번 이상 반복해서 듣고, 큰 소리로 따라하세요.

2단계 | 쓰면서 이해하기

음성 파일을 들은 다음, 단어 오른쪽 〈쓰기 연습〉의 빈칸을 채우며 단어와 짝 단어, 뜻을 정확히 익힙니다. 뒤쪽으로 넘어가, 앞에서 공부한 단어가 표현된 이미지를 보고 뜻을 쓴 다음, 문장에서 어떻게 사용되는지 써 봅니다. 이때, 잘 외워지지 않는 단어는 별도의 연습장을 마련하여 외울 때까지 써 보세요.

3단계 | 〈접이접이 영단어 쓰기 노트〉로 시험 보기

다 외었다고 생각되면, 한 시간 안에 〈접이접이 영단어 쓰기 노트〉를 이용해 스스로 시험을 보세요. 이때 기억나지 않은 단어를 한 번 더 외워주면 오늘의 공부가 완벽하게 끝납니다.

다음 날 공부 시작 전 | 다시 한 번 확인하기

그날 공부를 시작하기 전, 전날과 그 전날 공부한 단어의 음성 파일을 다시 듣고 따라하세요. 혹시 모르는 단어가 나오면 뜻을 확인하고 넘어가세요.

TIP

'오늘부터 30일 동안 이 책 한 권을 다 풀 거야!'라고 공개적으로 약속하면 끝까지 풀 확률이 높아진대요! 결심과 함께 책 사진을 찍어 친구나 부모님께 공유해 보세요!

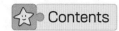
Contents

짝 단어로 끝내는 바빠 초등 영단어 5·6학년용

5·6학년 영단어
진단평가

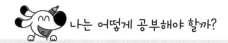 나는 어떻게 공부해야 할까?

진단평가를 풀어 본 후, 12쪽의 '권장 진도표'를
참고하여 공부 계획을 세워 보세요. 시계를 준비하고
아래 제시된 시간 안에 문제를 풀어 보세요.

아직 5학년이 되지 않았거나, 5학년 1학기인 경우

만일 단어에 자신이 없다면, 진단평가는 풀지 않아도 됩니다.
진단평가는 건너뛰고 01과부터 두 과씩 차근차근 공부하세요.

5학년 2학기~6학년인 경우

잘 모르는 단어가 나오더라도 문제를 끝까지 풀고 몇 개를 맞았는지
확인해 보세요. 적절한 진도표를 찾는 것이 목적이니까요.

필수 영단어를 단기에 완성하려는 중학생인 경우

어려운 단어는 알아도 꼭 알아야 하는 기본 단어를 정확하게 모르는
경우가 많습니다. 진단평가 결과에 따라 10일~20일 진도표로 초등
필수 영단어와 중1 영단어를 빠르게 정리하세요.

출제 범위	초등학교 영어 교과 과정~중학교 1학년 교과 과정 어휘
평가 문항	20문항
평가 시간	10분

[1~4] 다음 단어와 뜻이 <u>잘못</u> 연결된 것은?

1. ① air – 공기
   ② arm – 팔
   ③ city – 나라
   ④ duck – 오리
   ⑤ giraffe – 기린

2. ① diary – 일기
   ② season – 계절
   ③ dark – 어두운
   ④ dream – 꿈
   ⑤ blind – 귀가 안 들리는

3. ① health – 건강
   ② cell – 세포
   ③ warm – 따뜻한
   ④ kitchen – 닭
   ⑤ office – 사무실

4. ① different –어려운
   ② dangerous – 위험한
   ③ dirty – 더러운
   ④ hard – 힘든
   ④ easy – 쉬운

[5~8] 다음 빈칸에 알맞은 단어를 넣으세요.

우리말	같은 반		두꺼운 이불
영어	5. same c_____		6. th_____ blanket
우리말	진짜 이야기		욕실 바닥
영어	7. true s_____		8. b_____ floor

[9~10] 다음 그림을 보고 알맞은 영어 단어를 쓰세요.

9.

a p ▢▢▢▢ ▢▢▢

10.

a s ▢▢▢▢ ▢▢▢

[11~12] 다음 중 단어의 관계가 <u>다른</u> 것은?

11. ① dry – wet
    ② easy – difficult
    ③ true – false
    ④ ill – poor
    ⑤ heavy – light

12. ① like – hate
    ② ask – answer
    ③ good – better
    ④ old – new
    ⑤ lose – find

13. 다음 중 성격이 <u>다른</u> 단어는?

① cooker ② artist ③ scientist

④ teacher ⑤ worker

14. 다음 중 단어의 관계가 <u>잘못된</u> 것은?

① tooth – teeth ② goose – geese ③ child – children

④ sheep – sheeps ⑤ daughter – daughters

[15~16] 다음 중 단어의 연결이 <u>잘못된</u> 것은?

15. ① 절반 가격 – half price ② 반년 – a half year ③ 사랑스런 아이 – love child

④ 지난주 – the past week ⑤ 어두운 피부 – dark skin

16. ① 실수하다 – make a mistake ② 시험을 보다 – make an exam ③ 균형을 유지하다 – keep balance

④ 선택하다 – make a choice ⑤ 오류를 범하다 – make an error

17. 다음 중 단어의 연결이 알맞은 것은?

① 높은 장소 – a low place ② 현대 소설 – a classic novel ③ 기름기 많은 피부 – oil skin

④ 평화로운 장소 – peace place ⑤ 살아 있는 예술가 – a living artist

[18~19] 다음 빈칸에 공통으로 알맞은 말은?

18. _____ your homework. 너의 숙제를 해라.

I will _____ the dishes. 나는 설거지를 할 것이다.

① take ② be ③ do ④ make ⑤ have

19. Let's _____ a walk. 산책하자.

_____ this medicine three times a day. 하루에 세 번 약을 드세요.

① have ② take ③ make ④ get ⑤ do

20. 다음 주어진 단어들에서 공통으로 연상되는 단어를 쓰세요.

> math Korean art English science
>
> 답: ▯▯▯▯▯▯▯

시작

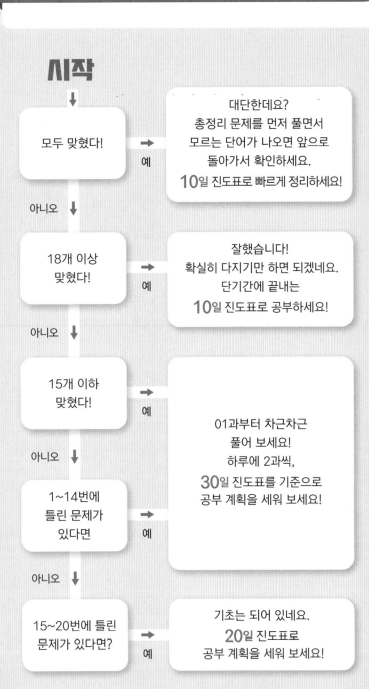

모두 맞혔다! → 예

대단한데요?
총정리 문제를 먼저 풀면서
모르는 단어가 나오면 앞으로
돌아가서 확인하세요.
10일 진도표로 빠르게 정리하세요!

아니오 ↓

18개 이상 맞혔다! → 예

잘했습니다!
확실히 다지기만 하면 되겠네요.
단기간에 끝내는
10일 진도표로 공부하세요!

아니오 ↓

15개 이하 맞혔다! → 예

아니오 ↓

1~14번에 틀린 문제가 있다면 → 예

01과부터 차근차근
풀어 보세요!
하루에 2과씩,
30일 진도표를 기준으로
공부 계획을 세워 보세요!

아니오 ↓

15~20번에 틀린 문제가 있다면? → 예

기초는 되어 있네요.
20일 진도표로
공부 계획을 세워 보세요!

 권장 진도표

♥	30일	20일	10일
☐ 1일 차	01~02과	01~03과	01~06과
☐ 2일 차	03~04과	04~06과	총정리 01 07~11과
☐ 3일 차	05~06과	총정리 01 07~08과	총정리 02 12~16과
☐ 4일 차	총정리 01 07과	9~11과	총정리 03 17~21과
☐ 5일 차	08~09과	총정리 02 12~13과	총정리 04 22~26과
☐ 6일 차	10~11과	14~16과	총정리 05 27~31과
☐ 7일 차	총정리 02 12과	총정리 03 17~18과	총정리 06 32~26과
☐ 8일 차	13~14과	19~21과	총정리 07 37~41과
☐ 9일 차	15~16과	총정리 04 22~23과	총정리 08 42~46과
☐ 10일 차	총정리 03 17과	24~26과	총정리 09 47~50과 총정리 10
☐ 11일 차	18~19과	총정리 05 27~28과	
☐ 12일 차	20~21과	29~31과	
☐ 13일 차	총정리 04 22과	총정리 06 32~33과	
☐ 14일 차	23~24과	34~36과	
☐ 15일 차	25~26과	총정리 07 37~38과	
☐ 16일 차	총정리 05 27과	39~41과	
☐ 17일 차	28~29과	총정리 08 42~43과	
☐ 18일 차	30~31과	44~46과	
☐ 19일 차	총정리 06 32과	총정리 09 47~48과	
☐ 20일 차	33~34과	49~50과 총정리 10	
☐ 21일 차	35~36과		
☐ 22일 차	총정리 07 37과		
☐ 23일 차	38~39과		
☐ 24일 차	40~41과		
☐ 25일 차	총정리 08 42과		
☐ 26일 차	43~44과		
☐ 27일 차	45~46과		
☐ 28일 차	총정리 09 47과		
☐ 29일 차	48~49과		
☐ 30일 차	50과 총정리 10		

이 책의 '총정리 01~10'은 앞에서
공부한 단어의 기억이 사라지는
시간에 복습이 이루어지도록
설계되어 있습니다.
총정리를 빠뜨리지 말고 푼 다음,
틀린 문제는 다시 한 번 외우고
마무리하세요~

(진단평가 정답)

1. ③   2. ⑤   3. ④   4. ①   5. <u>class</u>   6. <u>thick</u>
7. <u>story</u>   8. <u>bathroom</u>   9. olice man   10. occer ball
11. ④   12. ③   13. ①   14. ④   15. ③   16. ②
17. ⑤   18. ③   19. ②   20. subject

이 영단어 책은 앞에서 공부한 단어의 기억이 사라지는 시간에 자신도 모르게 복습이 이루어지도록 과학적으로 설계되어 있습니다.
이 책에서 제시된 학습 설계에 따라 앞에서부터 차근차근 끝까지 풀어 보세요!
영단어를 효과적으로 공부하고 오래 기억할 수 있어요.

1 제대로 단어 쓰기 연습을 하자!

영단어를 듣고 난 후, 오른쪽의 〈쓰기 연습〉란에 단어와 뜻을 쓰면 암기하세요. 윗줄에는 단어를,
아랫줄에는 짝 단어와 짝 단어의 뜻을 씁니다.

초록색 단어가 중심 단어예요.

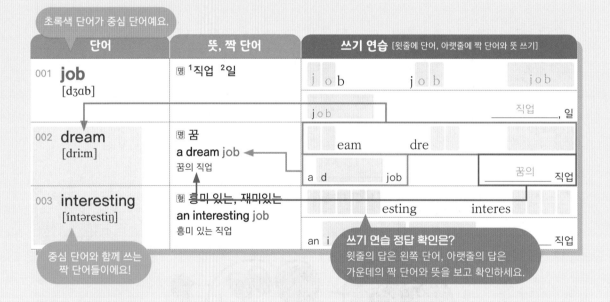

단어	뜻, 짝 단어	쓰기 연습 [윗줄에 단어, 아랫줄에 짝 단어와 뜻 쓰기]
001 **job** [dʒɑb]	명 ¹직업 ²일	j o b j o b j o b j o b _____직업, 일
002 **dream** [driːm]	명 꿈 **a dream** job 꿈의 직업	eam dre a d job 꿈의____직업
003 **interesting** [íntərestiŋ]	형 흥미 있는, 재미있는 **an interesting** job 흥미 있는 직업	esting interes an i _____직업

중심 단어와 함께 쓰는 짝 단어들이에요!

쓰기 연습 정답 확인은?
윗줄의 답은 왼쪽 단어, 아랫줄의 답은
가운데의 짝 단어와 뜻을 보고 확인하세요.

2 친구나 부모님에게 사진을 찍어 공유하자!

공부하기 전, '오늘부터 30일 동안 이 책 한 권을 다 풀 거야!'
라고 공개적으로 약속하면, 끝까지 풀 확률이 높아질 거예요.
결심과 함께 책 사진을 찍어 친구나 부모님께 공유해 보세요!

01 My Dream Job
내 꿈의 직업

단어	뜻, 짝 단어	쓰기 연습 [윗줄에 단어, 아랫줄에 짝 단어와 뜻 쓰기]
001 **job** [dʒɑb]	몡 ¹직업 ²일	j o b j o b j o b j o b ____직업, 일
002 **dream** [driːm]	몡 꿈 **a dream** job 꿈의 직업	eam dre a d job ____꿈의 직업
003 **interesting** [íntərestiŋ]	혱 흥미 있는, 재미있는 **an interesting** job 흥미 있는 직업	esting interes an i j ____직업
004 **office** [ɔ́ːfis]	몡 사무실 **an office** job 사무직	ice off an o j ____
005 **boring** [bɔ́ːriŋ]	혱 지루한 **a boring** job 지루한 직업	ing bor a b ____직업
006 **child** [tʃaild]	몡 아이 복수형 **children** [tʃíldrən] 아이들	ld chi c ____
007 **lovely** [lʌ́vli]	혱 사랑스러운 **a lovely** child 사랑스러운 아이	ely love a l child ____아이
008 **bright** [brait]	혱 ¹영리한 ²밝은 **a bright** child 영리한 아이	ght bri a b c ____아이
009 **teenage** [tíːneidʒ]	혱 십대의 **a teenage** child 십대 아이	nage teen a t c ____
010 **problem** [prɑ́bləm]	몡 문제 **a problem** child 문제아	blem pro a p ____아

007 love(사랑) + ly = lovely 사랑스러운

008 bright '밝은'의 뜻일 때: ex) bright light 밝은 빛

009 teen(10) + age(나이) = teenage 10대 나이, 10대

15

그림을 보고 단어를 연상하여 빈칸에 알맞은 뜻을 쓰세요.

1
job   dream

_____   _____

boring

_____

interesting   office

_____   _____

2
child   lovely

_____   _____

problem

_____

bright   teenage

_____   _____

B 뜻을 읽고 단어의 짝을 맞추어 빈칸에 알맞은 영단어를 쓰세요.

1 꿈의 직업   a _____ job

2 흥미 있는 직업   an _____ job

3 사무직   an _____ _____

4 문제아   a _____ _____

5 사랑스러운 아이 a _____ child

6 영리한 아이   a _____ child

7 십대 아이   a _____ _____

8 지루한 직업   a _____ _____

C 우리말에 알맞게 영어 문장을 완성하세요.

1 Look at the _____ _____.
저 사랑스러운 아이 좀 봐.

2 I don't like a _____ _____.
나는 지루한 직업을 싫어한다.

3 She acts like a _____ _____.
그녀는 문제아처럼 행동한다.

4 What is your _____ _____?
네가 꿈꾸는 직업은 무엇이니?

5 The boy is a very _____ _____.
그 소년은 매우 영리한 아이다.

6 A soccer player is an _____ _____.
축구 선수는 흥미 있는 직업이다.

7 My father has an _____ _____.
나의 아버지 일은 사무직이다.

8 My teacher has a _____ _____.
우리 선생님은 십대 아이가 있다.

음원 듣기

단어	뜻, 짝 단어	쓰기 연습 [윗줄에 단어, 아랫줄에 짝 단어와 뜻 쓰기]
011 **season** [síːzən]	몡 계절	ason　　sea s　　＿＿＿＿＿
012 dry [drai]	혱 건조한, 마른 **a dry** season 건기	y　　dr a d　　season　　＿＿＿＿＿기
013 rainy [réini]	혱 비가 많이 오는 **a rainy** season 우기	ny　　rai a r　　s　　＿＿＿＿＿
014 harvest [háːrvist]	몡 수확 동 수확하다 **a harvest** season 수확기	vest　　harv a h　　s　　＿＿＿＿＿
015 flu [fluː]	몡 독감 **a flu** season 독감 계절	u　　f a f　　＿＿＿＿＿계절
016 **diary** [dáiəri]	몡 일기	ary　　di d　　＿＿＿＿＿
017 English [íŋgliʃ]	몡 영어 혱 영어의 **an English** diary 영어 일기	lish　　Eng an E　　diary　　＿＿＿＿＿일기
018 online [ɔːnláin]	혱 온라인의 **an online** diary 온라인 일기	ine　　on an o　　d　　＿＿＿＿＿일기
019 picture [píktʃər]	몡 ¹그림 ²사진 **a picture** diary 그림 일기	ture　　pic a p　　d　　＿＿＿＿＿
020 secret [síːkrit]	몡 비밀 혱 비밀의 **a secret** diary 비밀 일기	ret　　sec a s　　＿＿＿＿＿일기

013 rain(비) + y = rainy 비가 많이 오는, cloud(구름) + y = cloudy 구름이 낀, sun(해) + n + y = sunny 해가 내리쬐는

019 picture '사진'의 뜻일 때: ex) take a picture 사진을 찍다

A 그림을 보고 단어를 연상하여 빈칸에 알맞은 뜻을 쓰세요.

1

season   dry

_____   _____

rainy

_____

harvest   flu

_____   _____

2

diary   English

_____   _____

online

_____

secret   picture

_____   _____

B 뜻을 읽고 단어의 짝을 맞추어 빈칸에 알맞은 영단어를 쓰세요.

1 건기   a _____ season

2 우기   a _____ season

3 수확기   a _____ _____

4 비밀 일기   a _____ _____

5 영어 일기   an _____ diary

6 온라인 일기   an _____ diary

7 그림 일기   a _____ _____

8 독감 계절   a _____ _____

C 우리말에 알맞게 영어 문장을 완성하세요.

1 It is a _____ _____ of the year now.
지금이 일년 중 건기다.

2 That is her _____ _____.
저것은 그녀의 비밀 일기다.

3 I keep an _____ _____.
나는 온라인 일기를 쓴다.

4 I don't like a _____ _____.
나는 독감의 계절을 싫어한다.

5 I have my old _____ _____.
나는 오래된 그림 일기를 가지고 있다.

6 Summer is the _____ _____ in Korea.
한국은 여름에 우기다.

7 Fall is a _____ _____.
가을은 수확의 계절이다.

8 I will write an _____ _____ today.
나는 오늘 영어 일기를 쓸 것이다.

단어	뜻, 짝 단어	쓰기 연습 [윗줄에 단어, 아랫줄에 짝 단어와 뜻 쓰기]
021 **floor** [flɔr]	몡 ¹바닥 ²(건물의) 층	oor　fl f　　　　　　　, (건물의) 층
022 kitchen [kítʃən]	몡 부엌 a kitchen floor 부엌 바닥	chen　kit a k　　floor　　　　바닥
023 wood [wud]	몡 나무, 목재 a wood floor 나무 바닥	od　wo a w　　f
024 bathroom [bǽθruːm]	몡 욕실, 화장실 a bathroom floor 욕실 바닥	room　bath a b　　f
025 wet [wet]	혱 젖은 ↔ dry 건조한 a wet floor 젖은 바닥	t　w a w　　　　　바닥
026 **story** [stɔ́ːri]	몡 ¹이야기 ²(건물의) 층	ory　sto s　　　　　　, (건물의) 층
027 true [truː]	혱 진짜의 a true story 진짜 이야기	ue　tr a t　　story　　　　이야기
028 fantastic [fæntǽstik]	혱 환상적인 a fantastic story 환상적인 이야기	tastic　fantas a f　　s
029 exciting [iksáitiŋ]	혱 흥미진진한 an exciting story 흥미진진한 이야기	iting　excit an e　　s
030 funny [fʌ́ni]	혱 웃기는 a funny story 웃기는 이야기	nny　fun a f　　　　　이야기

026 story 층으로 쓰일 때: ex) the second story 2층, the third story 3층
030 funny는 형용사로 '웃기는'이라는 뜻이고, fun은 명사 '재미'와 형용사 '재미있는'이라는 두 가지 뜻이 있어요.

A 그림을 보고 단어를 연상하여 빈칸에 알맞은 뜻을 쓰세요.

① floor   kitchen

_____   _____

wet

_____

wood   bathroom

_____   _____

② story   true

_____   _____

fantastic

_____

funny   exciting

_____   _____

B 뜻을 읽고 단어의 짝을 맞추어 빈칸에 알맞은 영단어를 쓰세요.

① 부엌 바닥   a _____ floor

② 나무 바닥   a _____ floor

③ 욕실 바닥   a _____ _____

④ 웃기는 이야기   a _____ _____

⑤ 진짜 이야기   a _____ story

⑥ 환상적인 이야기   a _____ story

⑦ 흥미진진한 이야기   an _____ _____

⑧ 젖은 바닥   a _____ _____

C 우리말에 알맞게 영어 문장을 완성하세요.

① Be careful on the _____ _____.
젖은 바닥에서는 조심해라.

② There was a soap on the _____ _____.
욕실 바닥에 비누가 있었다.

③ I heard an _____ _____ from Bill.
나는 Bill에게서 흥미진진한 이야기를 들었다.

④ The _____ _____ is very safe.
나무 바닥은 안전하다.

⑤ He is always saying a _____ _____.
그는 항상 웃기는 이야기를 한다.

⑥ I really like a _____ _____.
나는 환상적인 이야기를 정말 좋아한다.

⑦ His dream became a _____ _____.
그의 꿈은 진짜 이야기가 되었다.

⑧ The _____ _____ was dirty.
부엌 바닥이 더러웠다.

04 Smelly Feet
냄새 나는 발

단어	뜻, 짝 단어	쓰기 연습 [윗줄에 단어, 아랫줄에 짝 단어와 뜻 쓰기]
031 **health** [helθ]	명 건강	alth heal
		h _____
032 **perfect** [pə́ːrfikt]	형 완벽한, 완전한 **perfect** health 완벽한 건강	fect perf
		p health 건강
033 **excellent** [éksələnt]	형 아주 좋은, 훌륭한 **excellent** health 아주 좋은 건강	ellent excell
		e h 건강
034 **ill** [il]	형 ¹나쁜 ²아픈 **ill** health 나쁜 건강	ll i
		i h _____
035 **poor** [pur]	형 ¹아주 나쁜 ²가난한 **poor** health 아주 나쁜 건강	or po
		p 건강
036 **foot** [fut]	명 발 복수형 **feet** [fiːt] 발	ot fo
		f _____
037 **tiny** [taini]	형 아주 작은 **a tiny** foot 아주 작은 발	ny ti
		a t foot 발
038 **flat** [flæt]	형 평평한 **a flat** foot 평발	at fl
		a f f _____
039 **bare** [ber]	형 벌거벗은, 맨- **a bare** foot 맨발	re ba
		a b f _____
040 **smelly** [sméli]	형 냄새 나는 **a smelly** foot 냄새 나는 발	lly sme
		a s 발

034 ill '아픈'의 뜻일 때: ex) He is ill. 그는 아프다.

035 poor '가난한'의 뜻일 때: ex) He helps the poor children. 그는 가난한 아이들을 돕는다.

038 flat(평평한)은 ⁰²¹ floor(바닥)이라는 단어에서 나온 말이에요. 바닥은 평평하니까요. fl로 앞의 두 글자가 똑같죠?

그림을 보고 단어를 연상하여 빈칸에 알맞은 뜻을 쓰세요.

1

health   perfect

_____   _____

poor

_____

excellent   ill

_____   _____

2

foot   tiny

_____   _____

flat

_____

smelly   bare

_____   _____

B **뜻을 읽고 단어의 짝을 맞추어 빈칸에 알맞은 영단어를 쓰세요.**

1 완벽한 건강 _____ health

2 아주 좋은 건강 _____ health

3 나쁜 건강 _____ _____

4 냄새 나는 발 a _____ _____

5 아주 작은 발 a _____ foot

6 평발 a _____ foot

7 맨발 a _____ _____

8 아주 나쁜 건강 _____ _____

C **우리말에 알맞게 영어 문장을 완성하세요.**

1 Look at the baby's _____ _____.
저 아기의 아주 작은 발을 좀 봐. (feet 사용)

2 He was absent because of i_____ _____.
그는 건강이 나빠서 결석했다.

3 I like to walk around in _____ _____.
나는 맨발로 돌아다니는 것을 좋아한다. (feet 사용)

4 The child has p_____ _____.
그 아이는 건강이 매우 안 좋다.

5 The girl is in p_____ _____.
그 소녀는 건강 상태가 완벽하다.

6 The man has _____ _____.
그 남자는 발 냄새가 난다. (feet 사용)

7 I don't have _____ _____.
나는 평발이 아니다. (feet 사용)

8 My father is always in e_____ _____.
나의 아버지는 늘 건강 상태가 아주 좋다.

05 A Narrow Space

좁은 공간

단어	뜻, 짝 단어	쓰기 연습 [윗줄에 단어, 아랫줄에 짝 단어와 뜻 쓰기]
041 **brain** [brein]	명 두뇌	ain　　bra b
042 cell [sel]	명 ¹세포 ²감방 a brain cell 뇌 세포	ll　　ce a brain c　　뇌
043 activity [æktívəti]	명 활동 a brain activity 두뇌 활동 파 active 형 활발한	ivity　　activ a b　　a　　두뇌
044 illness [ílnis]	명 질병 a brain illness 뇌 질환	ness　　ill a b　　i
045 death [déθ]	명 죽음, 사망 brain death 뇌사 파 dead 형 죽은	ath　　dea d　　사
046 **space** [speis]	명 ¹공간 ²우주	ace　　spa s　　, 우주
047 narrow [nǽrou]	형 좁은 ↔ wide 넓은 a narrow space 좁은 공간	rrow　　narr a n　　space　　공간
048 enough [inʌ́f]	형 충분한 (an) enough space 충분한 공간	ough　　en (an) e　　s　　공간
049 empty [émpti]	형 빈, 비어 있는 an empty space 빈 공간	pty　　emp an e　　s
050 blank [blæŋk]	형 (글자가 없는) 빈 a blank space 빈칸	ank　　bl a b　　칸

044 illness(아픈 것 → 질병) = 034 ill(아픈) + ness(명사 만들 때 붙이는 것)
046 space는 '우주'라는 뜻도 있어요. ex) spaceman 우주인, spacecraft 우주선

23

A 그림을 보고 단어를 연상하여 빈칸에 알맞은 뜻을 쓰세요.

1

brain   cell

_____   _____

activity

_____

death   illness

_____   _____

2

space   narrow

_____   _____

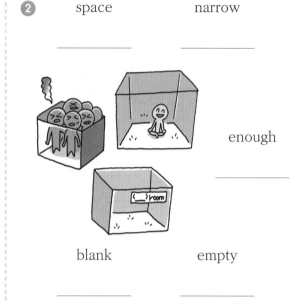

enough

_____

blank   empty

_____   _____

B 뜻을 읽고 단어의 짝을 맞추어 빈칸에 알맞은 영단어를 쓰세요.

1 뇌 세포   a brain _____

2 두뇌 활동   a brain _____

3 뇌 질환   a _____ _____

4 빈칸   a _____ _____

5 좁은 공간   a _____ space

6 충분한 공간   (an) _____ space

7 빈 공간   an _____ _____

8 뇌사   _____ _____

C 우리말에 알맞게 영어 문장을 완성하세요.

1 There is _____ _____ for two cars.
차 두 대를 위한 충분한 공간이 있다.

2 This photo shows the _____ _____.
이 사진은 두뇌 활동을 보여 준다.

3 _____ _____ is when all brain activities stop.
뇌사는 모든 두뇌 활동이 멈출 때이다.

4 There is a _____ _____ on the paper.
그 종이 위에는 빈칸이 있다.

5 This place is not an _____ _____.
이 곳은 빈 공간이 아니다.

6 His true problem was a _____ _____.
그의 진짜 문제는 뇌 질환이었다.

7 The cat was hiding in the _____ _____.
그 고양이는 좁은 공간에 숨어 있었다.

8 Our body has many cells like a _____ _____.
우리의 몸은 뇌 세포 같은 많은 세포들을 가지고 있다.

단어	뜻, 짝 단어	쓰기 연습 [윗줄에 단어, 아랫줄에 짝 단어와 뜻 쓰기]
051 **blanket** [blǽŋkit]	명 이불	anket　　blan b
052 heavy [hévi]	형 ¹무거운 ²많은 **a heavy** blanket 무거운 이불	vy　　hea a h　　blanket　　이불
053 thick [θik]	형 두꺼운 **a thick** blanket 두꺼운 이불	ick　　thi a t　　b
054 warm [wɔːrm]	형 따뜻한 **a warm** blanket 따뜻한 이불	rm　　wa a w　　b
055 electric [iléktrik]	형 전기의 **an electric** blanket 전기요(전기 이불)	ctric　　elect an e　　이불
056 **class** [klæs]	명 ¹수업 ²학급, 반	ass　　cla c　　, 학급, 반
057 same [seim]	형 같은 **a same** class 같은 수업(반)	me　　sa a s　　class　　수업
058 science [sáiəns]	명 과학 **a science** class 과학 수업	ience　　scie a s　　c
059 history [hístri]	명 역사 **a history** class 역사 수업	tory　　hist a h　　c
060 mathematics [mæθəmǽtiks]	명 수학 = math **a mathematics** class 수학 수업	ematics　　mathe a m　　수업

051 blanket은 원래 하얗게 비어 있다는 뜻인 050 blank에서 나온 말이에요. 옛날 이불은 하얀 털로 만들었거든요.

052 heavy가 '많은'이라는 뜻일 때: ex) heavy rain 많은 비

059 history(역사)는 026 story(이야기)를 써 내려간다라는 뜻에서 만들어진 거예요.

A 그림을 보고 단어를 연상하여 빈칸에 알맞은 뜻을 쓰세요.

1

blanket   heavy

_____   _____

thick

_____

electric   warm

_____   _____

2

class   same

_____   _____

science

_____

mathematics   history

_____   _____

B 뜻을 읽고 단어의 짝을 맞추어 빈칸에 알맞은 영단어를 쓰세요.

1 무거운 이불 a _____ blanket

2 두꺼운 이불 a _____ blanket

3 따뜻한 이불 a _____ _____

4 수학 수업 a _____ _____

5 같은 수업 a _____ class

6 과학 수업 a _____ class

7 역사 수업 a _____ _____

8 전기요(전기 이불) an _____ _____

C 우리말에 알맞게 영어 문장을 완성하세요.

1 The cloud was like a _____ _____.
구름은 두꺼운 이불 같았다.

2 I don't like a boring _____ _____.
나는 지루한 역사 수업을 싫어한다.

3 The _____ _____ was very exciting.
과학 수업은 매우 흥미진진했다.

4 The _____ _____ will keep you warm.
전기요가 따뜻하게 해 줄 것이다.

5 The bright boy likes a _____ _____.
그 영리한 소년은 수학 수업을 좋아한다.

6 I'll bring you a _____ _____.
내가 따뜻한 이불을 가져다 줄게.

7 Mom put a _____ _____ on me.
엄마는 나에게 무거운 이불을 덮어 주었다.

8 We are in the _____ _____.
우리는 같은 반이다.

01~06과 다시 써 보기

A 다음 그림을 보고 빈칸을 채우세요. (우리말은 영어로, 영어는 우리말로 쓰세요.)

①

아이　　　　　　lovely

_____　　_____

problem

_____

영리한, 밝은　　teenage

_____　　_____

②

foot　　　　　아주 작은

_____　　_____

flat

_____

smelly　　　벌거벗은, 맨

_____　　_____

B 뜻을 읽고 단어의 짝을 맞추어 빈칸에 알맞은 영단어를 쓰세요.

① 꿈의 직업　　　a _____ job

② 흥미 있는 직업　an _____ job

③ 사무직　　　　an _____ _____

④ 지루한 직업　　a _____ _____

⑤ 진짜 이야기　　a _____ story

⑥ 환상적인 이야기　a _____ story

⑦ 흥미진진한 이야기　an _____ _____

⑧ 웃기는 이야기　a _____ _____

⑨ 뇌 세포　　　a brain _____

⑩ 두뇌 활동　　a brain _____

⑪ 뇌 질환　　　a _____ _____

⑫ 뇌사　　　　_____ _____

⑬ 같은 반　　　a _____ class

⑭ 과학 수업　　a _____ class

⑮ 역사 수업　　a _____ _____

⑯ 수학 수업　　a _____ _____

C 다음 그림을 보고 빈칸을 채우세요.

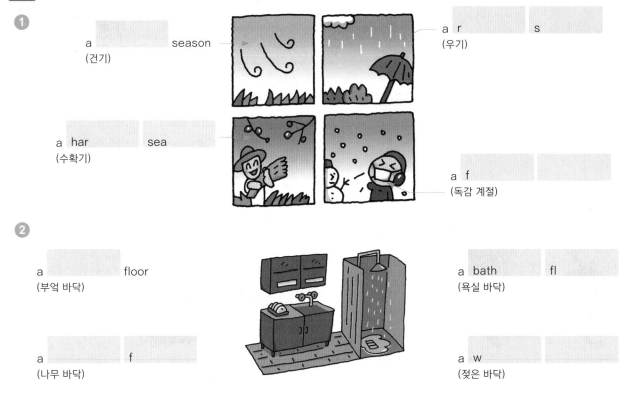

① a ____ season
(건기)

a r____ s____
(우기)

a har____ sea____
(수확기)

a f____ ____
(독감 계절)

② a ____ floor
(부엌 바닥)

a bath____ fl____
(욕실 바닥)

a ____ f____
(나무 바닥)

a w____ ____
(젖은 바닥)

D 주어진 단어를 참고해서 빈칸에 알맞은 단어를 쓰세요.

① I'll bring you a _____ _____. (blanket)
내가 따뜻한 이불을 가져다 줄게.

② I will write an _____ _____ today.
(English)
나는 오늘 영어 일기를 쓸 것이다.

③ There is _____ _____ for two
_____. (space / cars)
차 두 대를 위한 충분한 공간이 있다.

④ _____ _____ is always in _____
_____. (excellent / father / my)
나의 아버지는 늘 건강 상태가 아주 좋다.

07 A Favorite Dish

좋아하는 요리

단어	뜻, 짝 단어	쓰기 연습 [윗줄에 단어, 아랫줄에 짝 단어와 뜻 쓰기]
061 **dish** [diʃ]	명 ¹접시 ²요리	sh di d _____, 요리
062 **main** [méin]	형 주된, 가장 큰 a main dish 주요리	in ma a m dish _____ 요리
063 **favorite** [féivərit]	형 (가장) 좋아하는 a favorite dish (가장) 좋아하는 요리	vorite favo a f d (가장) _____
064 **tasty** [téisti]	형 맛있는 a tasty dish 맛있는 요리	sty tas a t d _____
065 **delicious** [dilíʃəs]	형 (아주) 맛있는 a delicious dish (아주) 맛있는 요리	icious delici a d (아주) _____ 요리
066 **people** [píːpl]	명 사람들 단수형 **person**[pə́ːrsn] 사람	ple peo p _____
067 **village** [vílidʒ]	명 마을 village people 마을 사람들	llage vill v people _____ 사람들
068 **blind** [blaind]	형 눈먼, 장님의 blind people 눈먼 사람들	ind bli b p _____
069 **deaf** [def]	형 귀가 먹은, 귀머거리의 deaf people 귀가 먹은 사람들	af de d p _____
070 **wonderful** [wʌ́ndərfl]	형 아주 멋진 wonderful people 아주 멋진 사람들	derful wonder w _____ 사람들

 보통 맛있다고 할 때는 ⁰⁶⁵delicious보다는 ⁰⁶⁴tasty를 사용해서 It's tasty.라고 많이 해요. delicious는 정말 맛있다고 강조하고 싶을 때 쓰는 표현이에요.

그림을 보고 단어를 연상하여 빈칸에 알맞은 뜻을 쓰세요.

1

dish   main

_____   _____

favorite

_____

delicious   tasty

_____   _____

2

people   village

_____   _____

blind

_____

wonderful   deaf

_____   _____

B 뜻을 읽고 단어의 짝을 맞추어 빈칸에 알맞은 영단어를 쓰세요.

1 주요리   a _____ dish

2 (가장) 좋아하는 요리   a _____ dish

3 맛있는 요리   a t_____ _____

4 아주 멋진 사람들   _____ _____

5 마을 사람들   _____ people

6 눈먼 사람들   _____ people

7 귀가 먹은 사람들   _____ _____

8 (아주) 맛있는 요리   a d_____ _____

C 우리말에 알맞게 영어 문장을 완성하세요.

1 It's nice to meet these _____ _____.
이렇게 아주 멋진 분들을 만나서 좋아요.

2 _____ _____ can do same things.
귀가 먹은 사람들도 똑같은 것을 할 수 있다.

3 The _____ _____ were poor.
그 마을 사람들은 가난했다.

4 He made his _____ _____ for dinner.
그는 저녁으로 (가장) 좋아하는 요리를 만들었다.

5 The _____ _____ was poor.
그 주요리는 아주 형편 없었다.

6 The t_____ _____ was perfect.
그 맛있는 요리는 완벽했다.

7 Tom made a d_____ _____.
Tom이 (아주) 맛있는 요리를 했다.

8 _____ _____ don't like the rainy season.
눈먼 사람들은 비 오는 계절을 싫어한다.

A Famous Artist
유명한 예술가

단어	뜻, 짝 단어	쓰기 연습 [윗줄에 단어, 아랫줄에 짝 단어와 뜻 쓰기]
071 **work** [wəːrk]	명 ¹일 ²작품 동 ¹일하다 ²공부하다	rk　　wo w　　　　　　명 _____, 작품
072 hard [hɑːrd]	명 ¹힘든 ²딱딱한 부 열심히 **hard** work 힘든 일	rd　　ha h　　work　　　　　일
073 **difficult** [dífikʌlt]	형 어려운 **difficult** work 어려운 일	ficult　　diffi d　　w　　　　_____
074 **dangerous** [déindʒərəs]	형 위험한 **dangerous** work 위험한 일 파 **danger** 명 위험	gerous　　danger d　　w　　　　_____
075 **dirty** [də́ːrti]	형 더러운 **dirty** work 더러운 일	rty　　dir d　　　　　　　　일
076 **artist** [áːrtist]	명 예술가	ist　　art a　　　　　　_____
077 **creative** [kriːéitiv]	형 창의적인 **a creative** artist 창의적인 예술가	tive　　crea a c　　artist　　_____ 예술가
078 **living** [líviŋ]	형 살아 있는 ↔ **dead** 죽은 **a living** artist 살아 있는 예술가	ing　　liv a l　　a　　_____
079 **famous** [féiməs]	형 유명한 **a famous** artist 유명한 예술가	mous　　fam a f　　a　　_____
080 **successful** [səksésfl]	형 성공한 **a successful** artist 성공한 예술가	ccessful　　success a s　　　　_____ 예술가

 어렵고, 위험하고 더러운 직업을 흔히 3D 업종이라고 부르죠? 바로 방금 배운 ⁰⁷³ difficult work ⁰⁷⁴ dangerous work ⁰⁷⁵ dirty work의 앞글자를 따서 3D가 된 거예요.
⁰⁷⁶ art(예술) + ist(사람) = artist(예술가)

A 그림을 보고 단어를 연상하여 빈칸에 알맞은 뜻을 쓰세요.

1

work	hard
_____	_____

difficult

_____

dirty	dangerous
_____	_____

2

artist	creative
_____	_____

living

_____

successful	famous
_____	_____

B 뜻을 읽고 단어의 짝을 맞추어 빈칸에 알맞은 영단어를 쓰세요.

1 힘든 일   h_____ work

2 어려운 일   d_____ work

3 위험한 일   _____ _____

4 성공한 예술가   a _____ _____

5 창의적인 예술가   a _____ artist

6 살아 있는 예술가   a _____ artist

7 유명한 예술가   a _____ _____

8 더러운 일   _____ _____

C 우리말에 알맞게 영어 문장을 완성하세요.

1 He is a _____ _____.
그는 유명한 예술가다.

2 I like the _____ _____.
나는 성공한 예술가를 좋아한다.

3 He became the most famous _____
_____.
그는 가장 유명한 살아 있는 예술가가 되었다.

4 Making electric cars is d_____ _____.
전기 자동차를 만드는 것은 어려운 일이다.

5 Carrying heavy boxes is _____
_____.
무거운 상자들을 옮기는 것은 위험한 일이다.

6 It is h_____ _____ but it is also fun.
힘든 일이지만 재미도 있다.

7 The teenage boy is a _____ _____.
저 십대 소년은 창의적인 예술가이다.

8 It is smelly and _____ _____.
그것은 냄새 나고 더러운 일이다.

Milky Skin

우윳빛 피부

단어	뜻, 짝 단어	쓰기 연습 [윗줄에 단어, 아랫줄에 짝 단어와 뜻 쓰기]
081 **skin** [skin]	몡 ¹피부 ²(동물의) 껍질	in sk s _____, (동물의) 껍질
082 dark [dɑːrk]	혱 어두운 dark skin 어두운 피부	rk da d skin _____ 피부
083 oily [ɔ́ili]	혱 기름기가 많은 oily skin 기름기 많은 피부, 지성 피부	ly oi o s _____
084 milky [mílki]	혱 우유 같은, 우유로 만든 milky skin 우유 같은 피부, 우윳빛 피부	lky mil m s _____
085 smooth [smuːð]	혱 부드러운 smooth skin 부드러운 피부	ooth smoo s _____ 피부
086 **week** [wiːk]	몡 주, 일주일	ek we w _____, 일주일
087 past [pæst]	혱 지난 몡 과거 the past week 지난주	st pa the p week _____ 주
088 next [nekst]	혱 다음의 next week 다음 주	xt ne n w _____
089 whole [houl]	혱 전체의 a whole week 주 전체, 한 주 내내	ole who a w w
090 busy [bízi]	혱 바쁜 a busy week 바쁜 주	sy bu a b _____ 주

086 week(주)와 end(끝)가 만나 weekend(주말)가 되었지요.

그림을 보고 단어를 연상하여 빈칸에 알맞은 뜻을 쓰세요.

1   skin   smooth

_____   _____

milky

_____

oily   dark

_____   _____

2   week   past

_____   _____

next

_____

busy   whole

_____   _____

B 뜻을 읽고 단어의 짝을 맞추어 빈칸에 알맞은 영단어를 쓰세요.

1 어두운 피부   _____ skin

2 지성 피부   _____ skin

3 우윳빛 피부   _____ _____

4 바쁜 주   a _____ _____

5 지난주   the _____ week

6 다음 주   _____ week

7 주 전체   a _____ _____

8 부드러운 피부 _____ _____

C 우리말에 알맞게 영어 문장을 완성하세요.

1 I will meet her _____ _____.
나는 다음 주에 그녀를 만날 것이다.

2 It was a _____ _____ because of math homework.
수학 숙제 때문에 바쁜 주였다.

3 Many people have _____ _____.
많은 사람들이 지성 피부를 가지고 있다.

4 The _____ _____ was dry and warm.
지난주는 건조하고 따뜻했다.

5 He has thick and _____ _____.
그의 피부는 두껍고 어둡다.

6 I was free for a _____ _____.
나는 한 주 내내 한가했다.

7 Babies have _____ _____.
아기들은 우윳빛 피부를 가지고 있다.

8 My favorite artist has _____ _____.
내가 (가장) 좋아하는 예술가는 피부가 부드럽다.

10 Bellyache
복통

단어	뜻, 짝 단어	쓰기 연습 [윗줄에 단어, 아랫줄에 짝 단어와 뜻 쓰기]
091 **ache** [eik]	몡 아픔, 쑤심	he ac a _____, 쑤심
092 **stomach** [stʌ́mək]	몡 위, 배 **a stomach**ache 위통	mach stom a s _____
093 **belly** [béli]	몡 배 **a belly**ache 복통	lly be a b _____
094 **heart** [haːrt]	몡 마음, 심장 **(a) heart**ache 심적 고통	art hea (a) h _____
095 **muscle** [mʌ́sl]	몡 근육 **a muscle** ache 근육통	scle mus a m _____통
096 **instrument** [ínstrəmənt]	몡 ¹악기 ²기구	strument instru i _____, 기구
097 **traditional** [trədíʃənl]	혱 전통적인 **a traditional** instrument 전통 악기	ditional tradi a t instrument _____ 악기
098 **brass** [bræs]	몡 놋쇠, 황동 **a brass** instrument 금관 악기	ass br a b i _____
099 **modern** [mάdərn]	혱 현대의, 근대의 **a modern** instrument 현대 악기	dern mo a m i _____
100 **string** [striŋ]	몡 줄, 끈 **a string** instrument 현악기	ring str a s _____ 악기

092 stomachache, 093 bellyache, 094 heartache는 너무 많이 쓰여서 한 단어처럼 붙여 쓰지만 095 muscle ache는 띄어 써요.

098 a brass instrument 금관 악기는 trumpet(트럼펫), horn(호른), tuba(튜바) 등 쇠붙이로 만든 악기를 말해요.

100 a string instrument 현악기는 violin(바이올린), guitar(기타), harp(하프) 등 줄로 소리내는 악기를 말해요.

35

A 그림을 보고 단어를 연상하여 빈칸에 알맞은 뜻을 쓰세요.

1 ache   stomach

_____   _____

belly

_____

muscle   heart

_____   _____

2 instrument   modern

_____   _____

brass   traditional   string

_____   _____   _____

B 뜻을 읽고 단어의 짝을 맞추어 빈칸에 알맞은 영단어를 쓰세요.

1 위통   a s_____ache

2 복통   a b_____ache

3 심적 고통   (a) _____

4 현악기   a _____ _____

5 전통 악기   a _____ instrument

6 금관 악기   a _____ instrument

7 현대 악기   a _____ _____

8 근육통   a _____ _____

C 우리말에 알맞게 영어 문장을 완성하세요.

1 I have a s_____.
나는 위가 아프다.

2 A violin is a _____ _____with four strings.
바이올린은 네 개의 줄이 있는 현악기이다.

3 I have a _____ _____ after hard work.
나는 힘든 일을 한 후에 근육통이 있다.

4 They played a _____ _____.
그들은 전통 악기를 연주했다.

5 His job is a _____ _____ player.
그의 직업은 현대 악기 연주자이다.

6 He felt a lot of _____ then.
그는 그때 많은 심적 고통을 느꼈다.

7 Trumpets are a kind of _____ _____.
트럼펫은 일종은 금관 악기다.

8 I've got a b_____.
나는 배가 아프다.

단어	뜻, 짝 단어	쓰기 연습 [윗줄에 단어, 아랫줄에 짝 단어와 뜻 쓰기]
101 **language** [lǽŋgwidʒ]	명 언어	guage langu / l _____
102 **first** [fəːrst]	형 첫 번째의 명 최초의 것 **first** language 제1의 언어, 모국어	rst fir / f l 제1의 언어, _____
103 **foreign** [fɔ́ːrən]	형 외국의 a **foreign** language 외국어	eign for / a f l _____
104 **unknown** [ʌnnóun]	형 알려지지 않은 an **unknown** language 알려지지 않은 언어	known unkn / an u l
105 **dead** [ded]	형 죽은 a **dead** language 죽은 언어, 사어(사용되지 않는 언어)	ad de / a d 죽은 언어, _____
106 **exercise** [éksərsaiz]	명 ¹운동 ²연습 문제 동 운동하다	ercise exer / e 명 _____, 연습 문제
107 **daily** [déili]	형 매일의, 매일 일어나는 **daily** exercise 매일의 운동	ily dai / d e 운동
108 **morning** [mɔ́ːrniŋ]	명 아침 **morning** exercise 아침 운동	ning morn / m e
109 **regular** [régjələr]	형 규칙적인, 정기적인 **regular** exercise 규칙적인 운동	gular regu / r e
110 **outdoor** [áutdɔːr]	형 야외의 ↔ indoor 실내의 **outdoor** exercise 야외 운동	door out / o 운동

104 unknown 알려지지 않은 = un(not) + known(알려진)

105 dead(죽은)의 파생어에는 045 death(죽음)와 die(죽다)가 있어요.

A 그림을 보고 단어를 연상하여 빈칸에 알맞은 뜻을 쓰세요.

① language   first

_____   _____

② exercise   daily

_____   _____

foreign   unknown   dead

_____   _____   _____

outdoor   regular   morning

_____   _____   _____

B 뜻을 읽고 단어의 짝을 맞추어 빈칸에 알맞은 영단어를 쓰세요.

① 모국어   _____ language

② 외국어   a _____ language

③ 알려지지 않은 언어   an _____ _____

④ 야외 운동   _____ _____

⑤ 매일의 운동   _____ exercise

⑥ 아침 운동   _____ exercise

⑦ 규칙적인 운동   _____ _____

⑧ 사어(사용되지 않는 언어)   a _____ _____

C 우리말에 알맞게 영어 문장을 완성하세요.

① _____ _____ is good for you.
아침 운동은 당신에게 좋다.

② _____ _____ is very important.
매일 하는 운동은 매우 중요하다.

③ It is difficult to learn a _____ _____.
외국어를 공부하는 것은 어렵다.

④ My _____ _____ is Korean.
나의 모국어는 한국어다.

⑤ There are many _____ _____s.
알려지지 않은 언어들이 많이 있다.

⑥ _____ _____ can help you feel better.
야외 운동을 하면 기분이 더 좋아질 수 있다.

⑦ _____ _____ is good in the flu season.
독감 계절에는 규칙적인 운동이 좋다.

⑧ Latin is a _____ _____.
라틴어는 사어(사용되지 않는 언어)다.

07~11과 다시 써 보기

A 다음 그림을 보고 빈칸을 채우세요. (우리말은 영어로, 영어는 우리말로 쓰세요.)

① 피부   부드러운

_____   _____

우유 같은, 우유로 만든

_____

oily   dark

_____   _____

② people   마을

_____   _____

blind

_____

아주 멋진   deaf

_____   _____

B 뜻을 읽고 단어의 짝을 맞추어 빈칸에 알맞은 영단어를 쓰세요.

① 주요리   a _____ dish

② (가장) 좋아하는 요리   a _____ dish

③ 맛있는 요리   a t_____ _____

④ (아주) 맛있는 요리   a d_____ _____

⑤ 창의적인 예술가   a _____ artist

⑥ 살아 있는 예술가   a _____ artist

⑦ 유명한 예술가   a _____ _____

⑧ 성공한 예술가   a _____ _____

⑨ 위통   a _____ache

⑩ 복통   a _____ache

⑪ 심적 고통   (a) _____

⑫ 근육통   a _____ _____

⑬ 매일의 운동   _____ exercise

⑭ 아침 운동   _____ exercise

⑮ 규칙적인 운동   _____ _____

⑯ 야외 운동   _____ _____

1

h _____ work
(힘든 일)

dif _____ wor _____
(어려운 일)

d _____ w _____
(더러운 일)

dan _____
(위험한 일)

2

a tra _____ instrument
(전통 악기)

a mo _____ instru _____
(현대 악기)

a b _____ in _____
(금관 악기)

a s _____ i _____
(현악기)

D 주어진 단어를 참고해서 빈칸에 알맞은 단어를 쓰세요.

1 There are many _____ _____ s.
(language)
알려지지 않은 언어들이 많이 있다.

3 They _____ a _____ _____.
(instrument / played)
그들은 전통 악기를 연주했다.

2 I was free for a _____ _____. (week)
나는 한 주 내내 한가했다.

4 Latin is a _____ _____. (dead)
라틴어는 사어다.

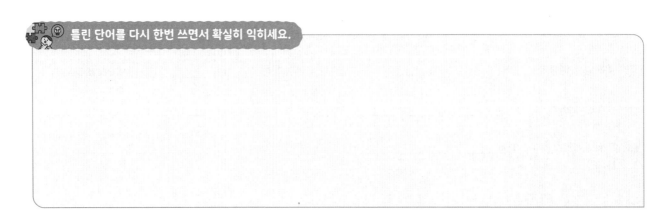

💡 틀린 단어를 다시 한번 쓰면서 확실히 익히세요.

12 A Magical Tale
마술 이야기

단어	뜻, 짝 단어	쓰기 연습 [윗줄에 단어, 아랫줄에 짝 단어와 뜻 쓰기]
111 **judge** [dʒʌdʒ]	몡 ¹판사 ²심사 위원	dge jud
		j , 심사 위원
112 **court** [kɔːrt]	몡 법정 a **court** judge 법정 판사	rt cou
		a c judge 판사
113 **army** [áːrmi]	몡 군대 an **army** judge 군 판사	my ar
		an a j
114 **beauty** [bjúːti]	몡 미, 미인, 아름다움 a **beauty** judge 미인 대회 심사 위원	auty bea
		a b j 심사 위원
115 **fair** [feər]	혱 공정한 몡 박람회 a **fair** judge 공정한 판사(심사 위원)	ir fa
		a f 판사
116 **tale** [teil]	몡 이야기	le ta
		t
117 **heroic** [hiróuik]	혱 영웅적인 a **heroic** tale 영웅담 파 **hero** 몡 영웅	roic hero
		a h tale
118 **magical** [mǽdʒikl]	혱 마술의 a **magical** tale 마술 이야기 파 **magic** 몡 마술	gical magi
		a m t 이야기
119 **amazing** [əméiziŋ]	혱 놀라운 an **amazing** tale 놀라운 이야기	azing amaz
		an a t
120 **humorous** [hjúːmərəs]	혱 재미있는, 유머러스한 a **humorous** tale 재미있는 이야기	morous humor
		a h 이야기

114 beauty(아름다움)의 파생어에는 beautiful(아름다운)이 있어요.
116 tale은 종종 magic(마술)이나 ²⁹ exciting(흥미진진한) 내용이 담긴 ²⁶ story(이야기)지요.

A 그림을 보고 단어를 연상하여 빈칸에 알맞은 뜻을 쓰세요.

① judge   fair

_____   _____

② tale   amazing

_____   _____

court   army   beauty

_____   _____   _____

heroic   magical   humorous

_____   _____   _____

B 뜻을 읽고 단어의 짝을 맞추어 빈칸에 알맞은 영단어를 쓰세요.

① 법정 판사   a _____ judge

② 군 판사   an _____ judge

③ 미인 대회 심사 위원   a _____ _____

④ 재미있는 이야기   a _____ _____

⑤ 영웅담   a _____ tale

⑥ 마술 이야기   a _____ tale

⑦ 놀라운 이야기   an _____ _____

⑧ 공정한 판사(심사 위원)   a _____ _____

C 우리말에 알맞게 영어 문장을 완성하세요.

① He was known as a _____ _____.
그는 공정한 판사로 알려져 있었다.

② The _____ _____ starts here.
그 마술 이야기는 여기에서 시작된다.

③ The state _____ _____ is famous.
그 주 법정 판사는 유명하다.

④ I read the _____ _____ yesterday.
나는 어제 놀라운 이야기를 읽었다.

⑤ The next one is a _____ _____.
다음이 재미있는 이야기다.

⑥ A _____ _____ is not history.
영웅담은 역사가 아니다.

⑦ The _____ _____ is also beautiful.
그 미인 대회 심사 위원 또한 아름다웠다.

⑧ The _____ _____ has dark skin.
그 군 판사는 피부가 어두운 색이었다.

단어	뜻, 짝 단어	쓰기 연습 [윗줄에 단어, 아랫줄에 짝 단어와 뜻 쓰기]
121 **world** [wɔ́ːrld]	몡 세계, 세상	rld　　　wor
		w　　　　　　　　　　　　　　, 세상
122 **natural** [nǽtʃrəl]	톙 자연의 **the natural** world 자연의 세계(자연계)	tural　　　natu
		the n　　　world　　　　　　세계
123 **plant** [plænt]	몡 식물 동 (식물을) 심다 **the plant** world 식물 세계(식물계)	ant　　　pla
		the p　　　w
124 **population** [pɑpjəléiʃən]	몡 인구 world **population** 세계 인구	pulation　　　populat
		w　　　p
125 **trade** [treid]	몡 무역 world **trade** 세계 무역	ade　　　tra
		t　　　　　　　　　　무역
126 **example** [igzǽmpl]	몡 ¹예 ²모범 **for** example 예를 들면	ample　　　exam
		for e　　　　　　　　, 모범
127 **common** [kámən]	톙 ¹흔한 ²보통의 a **common** example 흔한 예	mmon　　　comm
		a c　　　example　　　　　예
128 **familiar** [fəmíliə]	톙 친숙한 a **familiar** example 친숙한 예	miliar　　　famil
		a f　　　e
129 **historical** [histɔ́ːrikl]	톙 역사적, 역사의 a **historical** example 역사적인 예	storical　　　histori
		a h　　　e
130 **great** [greit]	톙 훌륭한, 대단한 a **great** example 훌륭한 예	eat　　　gre
		a g　　　　　　　　예

¹²⁹ historical은 (단순히) 역사를 뜻하고, historic은 역사적으로 (아주) 중요한 것을 말해요.
ex) a historical chart 역사 연표, a historic building 역사적으로 중요한 건물

A 그림을 보고 단어를 연상하여 빈칸에 알맞은 뜻을 쓰세요.

1   world   natural

_____   _____

plant

_____

population

_____

trade

_____

2   example   common

_____   _____

great

_____

familiar   historical

_____

B 뜻을 읽고 단어의 짝을 맞추어 빈칸에 알맞은 영단어를 쓰세요.

1 자연의 세계   the _____ world

2 식물 세계   the _____ world

3 세계 인구   _____ _____

4 훌륭한 예   a _____ _____

5 흔한 예   a _____ example

6 친숙한 예   a _____ example

7 역사적인 예   a _____ _____

8 세계 무역   _____ _____

C 우리말에 알맞게 영어 문장을 완성하세요.

1 She always uses a _____ _____.
그녀는 항상 훌륭한 예를 사용한다.

2 The topic was the _____ _____.
그 주제는 식물 세계였다.

3 He used the _____ _____.
그는 역사적인 예를 사용했다.

4 The unknown _____ _____ is wonderful.
알려지지 않은 자연의 세계는 아주 멋지다.

5 Let's look at a _____ _____.
흔한 예를 보자.

6 _____ _____s are easy to us.
우리에게는 친숙한 예가 쉽다.

7 The activities of _____ _____ are successful.
세계 무역의 활동은 성공적이다.

8 The _____ _____ is over seven billion.
세계 인구는 70억 명을 넘었다.

14 A Brave Fight
용감한 싸움

단어	뜻, 짝 단어	쓰기 연습 [윗줄에 단어, 아랫줄에 짝 단어와 뜻 쓰기]
131 **mark** [mɑːrk]	몡 자국, 표시 됭 표시하다	rk　　　ma m　　　　　　　몡 _____, 표시
132 **burn** [bəːrn]	몡 탄(덴) 자국 됭 불에 타다 **a burn** mark 불에 탄(덴) 자국	rn　　　bu a b　　　mark　　불에 _____ 자국
133 **scratch** [skrætʃ]	몡 할퀸 상처 됭 할퀴다 **a scratch** mark 할퀸 자국	atch　　scra a s　　　m　　　　　_____
134 **tooth** [tuːθ]	몡 이, 이빨 복수형 **teeth**[tiːθ] 이 **a tooth** mark 이빨 자국	th　　　too a t　　　m
135 **cross** [krɔːs]	몡 십자 됭 가로질러 건너다 **a cross** mark 십자 표시	oss　　　cro a c　　　　　십자 _____
136 **fight** [fait]	몡 싸움 됭 싸우다	ght　　　fi f　　　　　　　몡 _____
137 **brave** [breiv]	혱 용감한 **a brave** fight 용감한 싸움	ave　　　bra a b　　　fight　　_____ 싸움
138 **tough** [tʌf]	혱 거친 **a tough** fight 거친 싸움	gh　　　tou a t　　　f　　　　_____
139 **bitter** [bítər]	혱 격렬한 **a bitter** fight 격렬한 싸움	tter　　　bitt a b　　　f
140 **real** [ríːəl]	혱 진짜의, 현실의 **a real** fight 진짜 싸움	al　　　re a r　　　　　_____ 싸움

 134 tooth나 036 foot처럼 가운데에 oo가 들어간 단어는 복수가 되면 ee로 바뀌어요.
예) 036 foot - feet, 201 goose(거위) - geese

A 그림을 보고 단어를 연상하여 빈칸에 알맞은 뜻을 쓰세요.

① mark   scratch

_____   _____

cross

_____

burn   tooth

_____   _____

② fight   brave

_____   _____

tough

_____

bitter

_____

real

_____

B 뜻을 읽고 단어의 짝을 맞추어 빈칸에 알맞은 영단어를 쓰세요.

① 불에 탄(덴) 자국   a _____ mark

② 할퀸 자국   a _____ mark

③ 이빨 자국(단어 둘 다 단수)   a _____ _____

④ 진짜 싸움   a _____ _____

⑤ 용감한 싸움   a _____ fight

⑥ 거친 싸움   a _____ fight

⑦ 격렬한 싸움   a _____ _____

⑧ 십자 표시   a _____ _____

C 우리말에 알맞게 영어 문장을 완성하세요.

① That looks like a _____ _____.
저것은 할퀸 자국 같다.

② They are still in a _____ _____.
그들은 여전히 격렬한 싸움 중이다.

③ He has _____ _____s in his feet.
그는 발에 이빨 자국이 있다. (단어 둘 다 복수)

④ It was a _____ _____ for me.
그것은 내게 진짜 싸움이었다.

⑤ Can you draw a _____ _____?
십자 표시를 그릴 수 있니?

⑥ There was not a _____ _____ on the carpet.
카펫에는 불에 탄 자국이 없었다.

⑦ He died after a _____ _____.
그는 용감한 싸움을 하다 죽었다.

⑧ It was a _____ _____ against Germany.
그것은 독일에 대항한 거친 싸움이었다.

15 A Good Character
좋은 성격

단어	뜻, 짝 단어	쓰기 연습 [윗줄에 단어, 아랫줄에 짝 단어와 뜻 쓰기]
141 **character** [kǽriktər]	몡 ¹성격 ²특징 ³등장인물	aracter charac c ＿＿＿＿＿＿, 특징, 등장인물
142 gentle [dʒéntl] 펜 gentleman 몡 신사	혱 온화한, 부드러운 a gentle character 온화한 성격	ntle gen a g character ＿＿＿＿ 성격
143 good [gud]	혱 좋은, 선한 a good character 좋은(선한) 성격	od go a g c ＿＿＿＿
144 evil [íːvl]	혱 사악한, 악한 an evil character 사악한 성격	il ev an e c ＿＿＿＿
145 strong [strɔːŋ]	혱 강한 ↔ weak 약한 a strong character 강한 성격	rong stro a s ＿＿＿＿ 성격
146 **decision** [disíʒən] 펜 decide 동 결정하다	몡 결정	ision decis d
147 right [rait]	혱 ¹옳은 ²오른쪽의 a right decision 옳은 결정	ght rig a r decision ＿＿＿＿ 결정
148 wise [wáiz]	혱 현명한 a wise decision 현명한 결정	se wi a w d ＿＿＿＿
149 foolish [fúːliʃ]	혱 바보 같은, 어리석은 a foolish decision 어리석은 결정	lish fool a f d ＿＿＿＿
150 wrong [rɔːŋ]	혱 잘못된, 틀린 a wrong decision 잘못된 결정	ong wro a w ＿＿＿＿ 결정

 141 character는 '성격' 외에 '특징', '등장인물' 등의 뜻을 가지고 있어요. ex) Short hair is the character of the boy. 짧은 머리는 그 소년의 특징이다. / cartoon characters 만화 속 등장인물들

A 그림을 보고 단어를 연상하여 빈칸에 알맞은 뜻을 쓰세요.

① character   gentle

_____   _____

evil

_____

good   strong

_____   _____

② decision   foolish

_____   _____

wrong

_____

wise   right

_____   _____

B 뜻을 읽고 단어의 짝을 맞추어 빈칸에 알맞은 영단어를 쓰세요.

① 온화한 성격   a _____ character

② 좋은 성격   a _____ character

③ 사악한 성격   an _____ _____

④ 잘못된 결정   a _____ _____

⑤ 옳은 결정   a _____ decision

⑥ 현명한 결정   a _____ decision

⑦ 바보 같은 결정   a _____ _____

⑧ 강한 성격   a _____ _____

C 우리말에 알맞게 영어 문장을 완성하세요.

① She has a _____ _____.
그녀는 강한 성격을 가지고 있다.

② People often made a _____ _____.
사람들은 종종 바보 같은 결정을 내린다.

③ The _____ _____ can be dangerous.
잘못된 결정은 위험할 수 있다.

④ I like him because of his _____ _____.
나는 그의 좋은 성격 때문에 그를 좋아한다.

⑤ He had a _____ _____ when he was young.
그는 어렸을 때 온화한 성격이있다.

⑥ He was known as his _____ _____.
그는 그의 사악한 성격으로 알려져 있었다.

⑦ The court judge made a _____ _____.
그 법원 판사는 현명한 결정을 내렸다.

⑧ I think you made a _____ _____.
나는 네가 옳은 결정을 했다고 생각한다.

16 A Classic Novel
명작 소설

단어	뜻, 짝 단어	쓰기 연습 [윗줄에 단어, 아랫줄에 짝 단어와 뜻 쓰기]
151 **place** [pleis]	몡 장소 동 놓다	ce　　　pla p　　　　　　　　　몡 _____
152 **comfortable** [kʌ́mftəbl]	혱 편안한 a comfortable place 편안한 장소	fortable　　comfor a c　　　place　　_____ 장소
153 **peaceful** [píːsfl]	혱 평화로운 a peaceful place 평화로운 장소	ceful　　peace a p　　　p
154 **high** [hai]	혱 높은 뷔 높게 a high place 높은 장소	gh　　　hi a h　　p　　　　높은
155 **horrible** [hɔ́ːrəbl]	혱 끔찍한, 무시무시한 a horrible place 끔찍한 장소	rrible　　horri a h　　　　　　장소
156 **novel** [návl]	몡 소설	vel　　　no n
157 **classic** [klǽsik]	혱 명작의, 최고의 몡 고전, 명작 a classic novel 명작 소설	sic　　class a c　　　novel　　　소설
158 **special** [spéʃl]	혱 특별한 a special novel 특별한 소설	cial　　spec a s　　　n
159 **clear** [klir]	혱 알아보기 쉬운, 분명한 a clear novel 알아보기 쉬운 소설	ear　　　cle a c　　　n
160 **simple** [símpl]	혱 단순한 a simple novel 단순한 소설	ple　　　sim a s　　　　　소설

 154 high 부사로 '높게'의 뜻으로 쓰일 때: ex) I can't jump so high. 나는 그렇게 높게 뛸 수 없어.

157 classic - 최고에 속하는 것을 표현할 때 쓰여요. ex) classic study 최고의 연구, classical - 클래식이나 스타일이 고전적일 때
쓰여요. ex) classical music 서양 고전 음악

A 그림을 보고 단어를 연상하여 빈칸에 알맞은 뜻을 쓰세요.

1   place   horrible

_____   _____

high

_____

comfortable   peaceful

_____   _____

2   novel   classic

_____   _____

special

_____

simple   clear

_____   _____

B 뜻을 읽고 단어의 짝을 맞추어 빈칸에 알맞은 영단어를 쓰세요.

1 편안한 장소   a _____ place

2 평화로운 장소 a _____ place

3 높은 장소   a _____ _____

4 단순한 소설   a _____ _____

5 명작 소설   a _____ novel

6 특별한 소설   a _____ novel

7 알아보기 쉬운 소설 a _____ _____

8 끔찍한 장소   a _____ _____

C 우리말에 알맞게 영어 문장을 완성하세요.

1 The world became a _____ _____.
세계는 끔찍한 곳이 되었다.

2 The book is a real _____ _____.
그 책은 정말 단순한 소설이다.

3 The original book was not a _____ _____.
그 원서는 알아보기 쉬운 소설이 아니었다.

4 It is not a common but a _____ _____.
그것은 흔한 것이 아닌 특별한 소설이다.

5 We all like _____ _____s.
우리 모두는 평화로운 장소를 좋아한다.

6 Working at the _____ _____ is tough.
높은 장소에서 일하는 것은 거친 일이다.

7 The sofa is a _____ _____ to me.
그 소파는 내게 편안한 장소다.

8 I was busy, so I didn't read a _____ _____.
나는 바빠서 명작 소설을 읽지 않았다.

A 다음 그림을 보고 빈칸을 채우세요. (우리말은 영어로, 영어는 우리말로 쓰세요.)

1   example   common

1 _____   1 _____

2 _____   2 _____

great

_____

친숙한   역사적, 역사의

_____   _____

2   명 싸움, 형 싸우다   용감한

_____   _____

tough

_____

bitter

_____

진짜의, 현실의

_____

B 뜻을 읽고 단어의 짝을 맞추어 빈칸에 알맞은 영단어를 쓰세요.

1 영웅담   a _____ tale

2 마술 이야기   a _____ tale

3 놀라운 이야기   an _____ _____

4 재미있는 이야기   a _____ _____

5 탄(덴) 자국   a _____ mark

6 할퀸 자국   a _____ mark

7 이빨 자국   a _____ _____

8 십자 표시   a _____ _____

9 세계 무역   world _____

10 자연의 세계   the _____ world

11 식물 세계   the _____ _____

12 세계 인구   _____ _____

13 옳은 결정   a _____ decision

14 현명한 결정   a _____ decision

15 바보 같은 결정   a _____ _____

16 잘못된 결정   a _____ _____

C 다음 그림을 보고 빈칸을 채우세요.

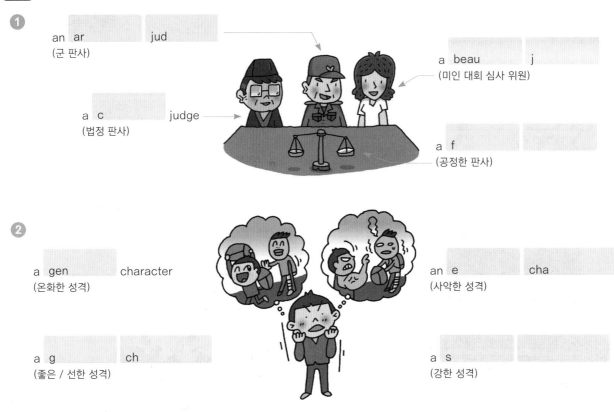

① an ar_____ jud_____
(군 판사)

a beau_____ j_____
(미인 대회 심사 위원)

a c_____ judge
(법정 판사)

a f_____
(공정한 판사)

② a gen_____ character
(온화한 성격)

an e_____ cha_____
(사악한 성격)

a g_____ ch_____
(좋은 / 선한 성격)

a s_____
(강한 성격)

D 주어진 단어를 참고해서 빈칸에 알맞은 단어를 쓰세요.

① The _____ became a _____ _____.
(world / place)

세계는 끔찍한 곳이 되었다.

② The _____ is a _____ _____ to me. (comfortable / sofa)

그 쇼파는 내게 편한 장소다.

③ I was busy, so I didn't read a _____ _____. (novel)

나는 바빠서 명작 소설을 읽지 않았다.

④ It is not a _____ but a _____ _____.
(common / novel)

그것은 흔한 것이 아닌 특별한 소설이다.

💡 틀린 단어를 다시 한번 쓰면서 확실히 익히세요.

단어	뜻, 짝 단어	쓰기 연습 [윗줄에 단어, 아랫줄에 짝 단어와 뜻 쓰기]
161 **opinion** [əpínjən]	몡 의견	inion opini o
162 personal [pə́ːrsənl] 팹 person 몡 개인, 사람	혱 개인의 one's personal opinion 개인 의견	sonal perso one's p opinion _____ 의견
163 honest [ánist]	혱 정직한 one's honest opinion 정직한 의견	nest hone one's h o
164 major [méidʒər]	혱 다수의 ↔ minor 소수의 the major opinion 다수 의견	jor maj the m o
165 public [pʌ́blik]	혱 공공의 public opinion 공공의 의견, 여론	blic pub p _____ 의견
166 **culture** [kʌ́ltʃər]	몡 문화	ture cult c
167 old [ould]	혱 ¹오래된 ²늙은 ³나이가 ~인 old culture 오래된 문화	d o o culture _____ 문화
168 street [striːt]	몡 거리 street culture 거리 문화	reet stre s c
169 youth [juːθ] 팹 young 혱 젊은, 어린	몡 청년, 젊은이 youth culture 청년 문화	uth you y c
170 popular [pápjulər]	혱 ¹대중의 ²인기 있는 popular culture 대중 문화	pular popul p _____ 문화

¹⁶⁷ old가 다른 뜻으로 쓰일 때: ex) an old man 늙은 남자, 노인 / She is thirteen years old. 그녀는 13살이다.

¹⁷⁰ popular을 줄여 pop이라고도 해요. ex) pop music 대중 음악

A 그림을 보고 단어를 연상하여 빈칸에 알맞은 뜻을 쓰세요.

1   opinion   personal

_____   _____

honest

_____

public   major

_____   _____

2   culture   popular

_____   _____

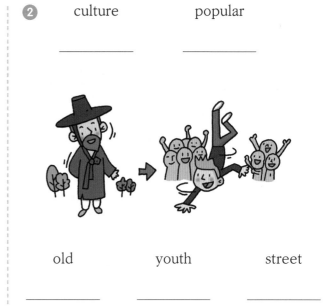

old   youth   street

_____   _____   _____

B 뜻을 읽고 단어의 짝을 맞추어 빈칸에 알맞은 영단어를 쓰세요.

1 개인 의견   one's _____ opinion

2 정직한 의견   one's _____ opinion

3 다수 의견   the _____ _____

4 대중 문화   _____ _____

5 오래된 문화   _____ culture

6 거리 문화   _____ culture

7 청년 문화   _____ _____

8 공공의 의견, 여론   _____ _____

C 우리말에 알맞게 영어 문장을 완성하세요.

1 _____ _____ is rising.
청소년 문화가 일어나고 있다.

2 We can see _____ _____ easily.
우리는 쉽게 거리 문화를 볼 수 있다.

3 His _____ _____ is very funny.
그의 개인 의견은 매우 웃겼다.

4 The _____ _____ is not always fair.
다수의 의견이 항상 공정한 것은 아니다.

5 The power of _____ _____ is amazing.
여론의 힘은 놀랍다.

6 Her _____ _____ came from her heart.
그녀의 정직한 의견은 그녀의 진심에서 우러나온 것이었다.

7 The instruments are also used in the _____ _____.
오래된(고대) 문화에서도 그 악기가 사용되었다.

8 K-pop is an icon of Korean _____ _____.
K팝은 한국 대중 문화의 우상이다.

단어	뜻, 짝 단어	쓰기 연습 [윗줄에 단어, 아랫줄에 짝 단어와 뜻 쓰기]
171 **half** [hæf]	뗑 반, 절반	lf ha
		h _____, 절반
172 **asleep** [əslíːp]	뗑 잠이 든 half asleep 반쯤 잠든 상태의, 비몽사몽간에	leep asle
		half a
173 **price** [prais]	뗑 가격 half price 절반 가격	ice pri
		h p 절반
174 **dollar** [dálər]	뗑 (화폐 단위) 달러 a half dollar 50센트 (1달러의 반)	llar dol
		a h d
175 **year** [jiər]	뗑 년, 해 a half year 반년	ar ye
		a y 년
176 **average** [ǽvəridʒ]	뗑 평균 뗑 평균의	erage aver
		a
177 **below** [bilóu]	젠 ~ 이하의, ~ 아래로 ↔ above ~ 이상의 below average 평균 이하의	low be
		b average 평균
178 **cost** [kɔːst]	뗑 비용, 값 average cost 평균 비용	st co
		a c
179 **quality** [kwáləti]	뗑 품질 average quality 평균 품질	lity quali
		a q
180 **score** [skɔːr]	뗑 점수, 득점 average score 평균 점수	ore sco
		s 평균

173 price는 상품의 가치를 매긴 가격이고, 178 cost는 물건을 사는 소비자 입장에서 본 비용이에요.

A 그림을 보고 단어를 연상하여 빈칸에 알맞은 뜻을 쓰세요.

1 half　　　　asleep

_____　　_____

price

_____

dollar

_____

year

_____

2 average　　　below

_____　　_____

cost

_____

score　　　quality

_____　　_____

B 뜻을 읽고 단어의 짝을 맞추어 빈칸에 알맞은 영단어를 쓰세요.

1 반쯤 잠든 상태의　　half _____

2 절반 가격　　half _____

3 50센트　　a _____ _____

4 평균 점수　　_____ _____

5 평균 이하의　　_____ average

6 평균 비용　　average _____

7 평균 품질　　_____ _____

8 반년　　a _____ _____

C 우리말에 알맞게 영어 문장을 완성하세요.

1 The trade goods are of _____ _____.
그 무역 물품은 평균 품질이다.

2 I bought this outdoor clothing at _____ _____.
나는 이 야외용 의류를 반값에 샀다.

3 The _____ _____ of math was horrible.
그 수학 평균 점수는 끔찍했다.

4 A _____ _____ is six months.
반년은 6개월이다.

5 I was _____ _____ when I answered the phone.
나는 전화를 받았을 때 반쯤 잠든 상태였다.

6 The _____ _____ was high.
평균 비용이 높았다.

7 I need a _____ _____.
나는 50센트가 필요하다.

8 His school record is _____ _____.
그의 학교 성적은 평균 이하이다.

19 Only Hope

유일한 희망

음원 듣기

단어	뜻, 짝 단어	쓰기 연습 [윗줄에 단어, 아랫줄에 짝 단어와 뜻 쓰기]		
181 **hope** [houp]	몧 희망 동 희망하다	pe	ho	
		h		몧
182 **only** [óunli]	혱 유일한 위 단지 **only** hope 유일한 희망	ly	on	
		o	hope	희망
183 **last** [læst]	혱 ¹마지막의 ²지난 **last** hope 마지막 희망	st	la	
		l	h	
184 **sincere** [sinsíər]	혱 진심의 **sincere** hope 진심 어린 희망	cere	sin	
		s	h	
185 **false** [fɔːls]	혱 잘못된, 거짓의 **false** hope 잘못된 희망, 헛된 희망	lse	fal	
		f		희망
186 **matter** [mǽtər]	몧 문제	tter	mat	
		m		
187 **private** [práivit]	혱 사적인 **a private** matter 사적인 문제	ivate	priva	
		a p	m	문제
188 **important** [impɔ́ːrtənt]	혱 중요한 **an important** matter 중요한 문제	ortant	impor	
		an i	m	
189 **other** [ʌ́ðər]	혱 (이것 말고 또) 다른 **an other** matter 다른 문제	her	oth	
		an o	m	
190 **different** [dífərənt]	혱 (모양이나 성격이) 다른 **a different** matter 다른 문제	fferent	diff	
		a d		문제

183 last는 '지난'의 뜻으로 쓰일 때도 많아요. ex) last week 지난주, last summer 지난여름

184 sincere의 부사 형태는 sincerely인데 영어 편지나 이메일을 쓸 때 자주 사용돼요. 편지를 다 쓰고 나서 나의 진심이 담겼다는 뜻에서 맨 마지막에 Sincerely(진심으로)라고 적어요.

A 그림을 보고 단어를 연상하여 빈칸에 알맞은 뜻을 쓰세요.

1 hope   only

_____   _____

last

_____

false   sincere

_____   _____

2 matter   private

_____   _____

important

_____

different   other

_____   _____

B 뜻을 읽고 단어의 짝을 맞추어 빈칸에 알맞은 영단어를 쓰세요.

1 유일한 희망   _____ hope

2 마지막 희망   _____ hope

3 진심 어린 희망   _____ _____

4 (성격이) 다른 문제   a d_____ _____

5 사적인 문제   a _____ matter

6 중요한 문제   an _____ matter

7 (또) 다른 문제   an o_____ _____

8 헛된 희망   _____ _____

C 우리말에 알맞게 영어 문장을 완성하세요.

1 I don't believe in _____ _____.
나는 헛된 희망을 믿지 않는다.

2 His children are the _____ _____ for him.
그에게는 자녀들이 유일한 희망이다.

3 Is this a public or a _____ _____?
이것은 공적인 문제일까 아니면 사적인 문제일까?

4 The medicine was his _____ _____.
그 약은 그의 마지막 희망이었다.

5 Regular exercise is a very _____ _____.
규칙적인 운동은 매우 중요한 문제이다.

6 That is a whole o_____ _____.
그것은 완전히 다른 문제이다.

7 You are my _____ _____.
네가 내 진심 어린 희망이다.

8 I like lizards, but snakes are a d_____ _____.
난 도마뱀을 좋아한다, 하지만 뱀은 다른 문제이다.

20 Clever Advice
현명한 충고

단어	뜻, 짝 단어	쓰기 연습 [윗줄에 단어, 아랫줄에 짝 단어와 뜻 쓰기]
191 **advice** [ədváis]	명 조언, 충고	vice　　advi
		a ＿＿＿＿＿＿, 충고
192 helpful [hélpfl]	형 도움이 되는 **helpful** advice 도움이 되는 충고	ful　　help
		h　　advice ＿＿＿＿＿＿ 충고
193 useful [júːsfl]	형 유용한 **useful** advice 유용한 충고	ful　　use
		u　　a ＿＿＿＿＿＿
194 clever [klévər]	형 현명한 **clever** advice 현명한 충고	ver　　cle
		c　　a ＿＿＿＿＿＿
195 practical [præktikl]	형 실용적인 **practical** advice 실용적인 충고	actical　　practi
		p ＿＿＿＿＿＿ 충고
196 **piece** [piːs]	명 한 개, 한 조각 **a piece of ~** 하나의 ~	ece　　pie
		p ＿＿＿＿＿＿, 한 조각
197 news [njuːz]	명 뉴스, 소식 **a piece of news** 한 건의 뉴스(소식)	s　　ne
		a piece of ＿＿＿ 한 건의 ＿＿＿
198 fruit [fruːt]	명 과일 **a piece of fruit** 과일 한 조각	uit　　fru
		a piece of ＿＿＿ 한 조각
199 cloth [klɔːθ]	명 천 **a piece of cloth** 천 한 조각	th　　clo
		a p　　of c ＿＿＿＿
200 furniture [fə́ːrnitʃər]	명 가구 **a piece of furniture** 가구 한 점	urniture　　furnit
		a　　of f ＿＿＿＿ 한 점

 [196] a piece of~는 셀 수 없는 명사(복수로 못 만드는 명사) 앞에서 쓰이는 단위예요. 예를 들어 furniture는 a furniture, two furniture처럼 쓰지 않고 a piece of furniture, two pieces of furniture라고 써요. ex) a piece of paper(종이 한 장), a piece of cake(케이크 한 조각), a piece of advice(조언 하나) 등

59

그림을 보고 단어를 연상하여 빈칸에 알맞은 뜻을 쓰세요.

1   advice   helpful

_____   _____

useful

_____

practical   clever

_____   _____

2   piece   news

_____   _____

furniture

_____

fruit   cloth

_____   _____

B 뜻을 읽고 단어의 짝을 맞추어 빈칸에 알맞은 영단어를 쓰세요.

1 도움이 되는 충고   _____ advice

2 유용한 충고   _____ advice

3 현명한 충고   _____ _____

4 가구 한 점   a _____ ___ _____

5 한 건의 뉴스   a piece of _____

6 과일 한 조각   a piece of _____

7 천 한 조각   a _____ __ _____

8 실용적인 충고   _____ _____

C 우리말에 알맞게 영어 문장을 완성하세요.

1 That's a fantastic _____ of _____.
저것은 환상적인 가구다.

2 I think it was _____ _____.
나는 그것이 현명한 조언이었다고 생각한다.

3 Put a _____ of _____ on the plate.
접시 위에 과일 한 조각을 놓아라.

4 He gave me _____ _____ on the matters.
그는 내게 그 문제에 도움이 되는 조언을 했다.

5 Thank you for your _____ _____.
너의 유용한 충고 고마워.

6 What a wonderful _____ of _____!
얼마나 멋진 소식이란 말인가!

7 I gave her _____ _____ on her opinion.
나는 그녀의 의견에 실용적인 조언을 했다.

8 Is it just a _____ of _____?
그것이 단지 천 조각에 불과할까요?

단어	뜻, 짝 단어	쓰기 연습 [윗줄에 단어, 아랫줄에 짝 단어와 뜻 쓰기]
201 **goose** [guːs]	몡 거위 복수형 **geese** [giːs] 거위들	se　　goo g　　　　　　　　＿＿＿＿
202 golden [góuldən]	혱 황금의 **a golden** goose 황금 거위	den　　gol a g　　　goose　　＿＿＿＿ 거위
203 wild [waild]	혱 ¹야생의 ²거친 **a wild** goose 야생 거위, 기러기	ld　　wi a w　　g　　　　＿＿＿＿
204 feed [fiːd]	동 (동물에게) 먹이를 주다 **feed a** goose 거위에게 먹이를 주다	ed　　f f　　a g　　　　＿＿＿＿
205 fly [flai] fly - flew - flown	동 날다 **geese** fly 거위들이 날다	y　　f 　　　f　　거위들이 ＿＿＿
206 **insect** [ínsekt]	몡 곤충, 벌레	sect　　ins i　　　　　＿＿＿＿, 벌레
207 harmful [háːrmfl]	혱 해로운 **a harmful** insect 해로운 곤충	ful　　harm a h　　insect　　＿＿＿＿ 곤충
208 crawl [krɔːl]	동 기어가다 **insects** crawl 곤충들이 기어가다	awl　　cra i　　s c　　곤충들이 ＿＿＿
209 attack [ətǽk]	동 공격하다 **insects** attack 곤충들이 공격하다	tack　　atta i　　s a　　　＿＿＿＿
210 bite [bait] bite - bit - bitten	동 물다 몡 물기 **insects** bite 곤충들이 물다	te　　bi 　　b　　곤충들이 ＿＿＿

 벌레 삼총사! ²⁰⁶ insect - 다리가 여섯 개 있고 흔히 날개가 있는 곤충, bug - insect의 구어체로 많이 쓰이고, 흔히 작고 무는 벌레, worm - 발이 없어서 바닥을 꿈틀거리며 움직이는 벌레. ex) earthworm 지렁이

A 그림을 보고 단어를 연상하여 빈칸에 알맞은 뜻을 쓰세요.

①   goose   golden

_____   _____

wild

_____

feed   fly

_____   _____

②   insect   harmful

_____   _____

bite

_____

crawl   attack

_____   _____

B 뜻을 읽고 단어의 짝을 맞추어 빈칸에 알맞은 영단어를 쓰세요.

① 황금 거위   a _____ goose

② 기러기   a _____ goose

③ 거위에게 먹이를 주다   _____ a _____

④ 곤충들이 물다   _____ _____

⑤ 해로운 곤충   a _____ insect

⑥ 곤충들이 기어가다   insects _____

⑦ 곤충들이 공격하다   _____ _____

⑧ 거위들이 날다   _____ _____

C 우리말에 알맞게 영어 문장을 완성하세요.

① The _____ _____ was flying far.
기러기는 멀리 날아가고 있었다.

② A child _____ a _____ on the street.
한 아이가 길에서 거위에게 먹이를 준다.

③ _____ are _____ing my bare foot.
곤충들이 나의 맨발을 공격하고 있다.

④ _____ _____ my smelly feet well.
곤충들은 나의 냄새 나는 발을 잘 문다.

⑤ _____ _____ south every year.
거위들은 매년 남쪽으로 날아간다.

⑥ _____ are _____ing on the wall.
벽에 곤충들이 기어가고 있다.

⑦ I like 'G_____ G_____' in the classic tales.
나는 명작 이야기 중 '황금 거위'를 좋아한다.

⑧ Is that a helpful or a _____ _____?
저것은 도움을 주는 곤충일까, 아니면 해로운 곤충일까?

17~21과 다시 써 보기

A 다음 그림을 보고 빈칸을 채우세요. (우리말은 영어로, 영어는 우리말로 쓰세요.)

① 조언, 충고　　　　　helpful

_____　　　_____

유용한

_____

실용적인　　　　clever

_____　　　_____

② 명 평균, 형 평균의　　　below

_____　　　_____

cost

_____

score　　　　품질

_____　　　_____

B 뜻을 읽고 단어의 짝을 맞추어 빈칸에 알맞은 영단어를 쓰세요.

① 개인 의견　　　one's _____ opinion

② 정직한 의견　　　one's_____ opinion

③ 다수 의견　　　the _____ _____

④ 공공의 의견　　　_____ _____

⑤ 반쯤 잠들 상태　　　half _____

⑥ 절반 가격　　　half _____

⑦ 50센트　　　a _____ _____

⑧ 반년　　　a _____ _____

⑨ 유일한 희망　　　_____ hope

⑩ 마지막 희망　　　_____ hope

⑪ 진심 어린 희망　　　_____ _____

⑫ 잘못된 희망　　　_____ _____

⑬ 사적인 문제　　　a _____ matter

⑭ 중요한 문제　　　an _____ matter

⑮ (이것 말고 또) 다른 문제　　　an _____ _____

⑯ (모양이나 성격이) 다른 문제　　　a _____ _____

C 다음 그림을 보고 빈칸을 채우세요.

❶

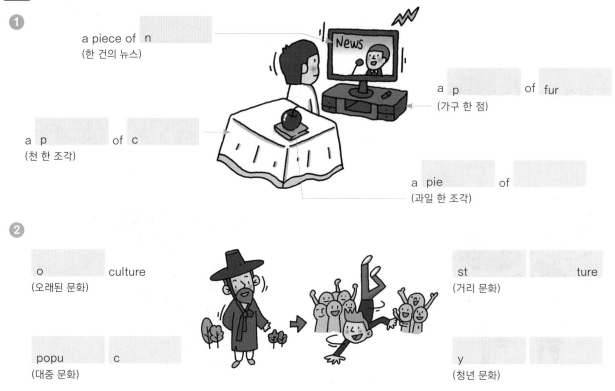

a piece of n_____
(한 건의 뉴스)

a p_____ of fur_____
(가구 한 점)

a p_____ of c_____
(천 한 조각)

a pie_____ of _____
(과일 한 조각)

❷

o_____ culture
(오래된 문화)

st_____ture
(거리 문화)

popu_____ c_____
(대중 문화)

y_____ _____
(청년 문화)

D 주어진 단어를 참고해서 빈칸에 알맞은 단어를 쓰세요.

❶ _____ are _____ my _____ foot.
(bare / attacking)
곤충들이 나의 맨발을 공격하고 있다.

❸ _____ _____ my _____ _____
well. (feet / bite)
곤충들은 나의 냄새 나는 발을 잘 문다.

❷ I like 'G_____ G_____' in the _____
tales. (classic / Goose)
나는 명작 이야기 중 '황금 거위'를 좋아한다.

❹ A child _____ a _____ on the street.
(feeds)
한 아이가 길에서 거위에게 먹이를 주고 있다.

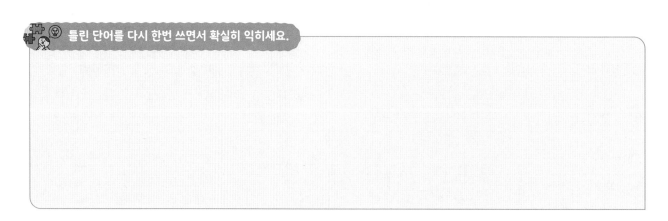

💡 틀린 단어를 다시 한번 쓰면서 확실히 익히세요.

22 Enjoy Vacation!
방학을 즐겨라!

단어	뜻, 짝 단어	쓰기 연습 [윗줄에 단어, 아랫줄에 짝 단어와 뜻 쓰기]
211 **daughter** [dɔ́:tər]	몡 딸	ghter　　daugh d
212 **little** [lítl]	혱 어린, 작은 뵘 조금 a little daughter 어린 딸	ttle　　litt a l　　　daughter　　　　　딸
213 **twin** [twin]	몡 쌍둥이 twin daughters 쌍둥이 딸들	in　　tw t　　d　　s　　　　　　딸들
214 **raise** [reiz]	됭 ¹기르다 ²들어 올리다 raise a daughter 딸을 기르다	se　　rai r　　a　d
215 **adult** [ədʌ́lt]	몡 성인, 어른 an adult daughter 성인 딸	dult　　adu an a　　　　　　　　　딸
216 **vacation** [veikéiʃn]	몡 방학	cation　　vacat v
217 **plan** [plǽn]	몡 계획 됭 계획하다 a vacation plan 방학 계획	an　　pl a vacation p　　　　방학
218 **during** [djúriŋ]	젼 ~ 동안 during vacation 방학 동안	ing　　dur d　　v　　　　　　동안
219 **enjoy** [indʒɔ́i]	됭 즐기다 enjoy vacation 방학을 즐기다	joy　　en e　　v
220 **spend** [spend] spend - spent - spent	됭 ¹보내다 ²(돈을) 쓰다 spend vacation 방학을 보내다	end　　spe s　　　　　　방학을

²¹² little 부사 '조금'의 뜻으로 쓰일 때: ex) I can speak English a little. 나는 영어를 조금 할 줄 안다.

²¹⁴ raise '들어 올리다'의 뜻으로 쓰일 때: ex) Raise your hands. 두 손을 들어 올려라.

²²⁰ spend '돈을 쓰다'의 뜻으로 쓰일 때: ex) Don't spend too much money. 돈을 너무 많이 쓰지 마.

A 그림을 보고 단어를 연상하여 빈칸에 알맞은 뜻을 쓰세요.

1 daughter _____   little _____

2 vacation _____   plan _____

during _____

twin _____   raise _____   adult _____

spend _____   enjoy _____

B 뜻을 읽고 단어의 짝을 맞추어 빈칸에 알맞은 영단어를 쓰세요.

1 어린 딸   a _____ daughter

2 쌍둥이 딸들   _____ daughters

3 딸을 기르다   _____ a _____

4 방학을 보내다   _____ _____

5 방학 계획   a vacation _____

6 방학 동안   _____ vacation

7 방학을 즐기다   _____ _____

8 성인 딸   an _____ _____

C 우리말에 알맞게 영어 문장을 완성하세요.

1 How did you _____ last _____?
지난 방학을 어떻게 보냈니?

2 What are you going to do _____ _____?
넌 방학 동안 무엇을 할 거니?

3 His _____ _____ is honest.
그의 어린 딸은 정직하다.

4 That is my simple _____ _____.
저것이 나의 단순한 방학 계획이다.

5 She has an _____ _____ at college.
그녀는 대학에 다니는 성인 딸이 있다.

6 It's expensive to _____ _____s.
딸을 키우는 것은 비싸다(돈이 많이 든다).

7 I hope you _____ your _____.
방학 잘 즐기기 바라.

8 Her _____ _____ are popular stars, now.
이제 그녀의 쌍둥이 딸들은 인기 스타이다.

66

23 A Noisy Neighbor

시끄러운 이웃

단어	뜻, 짝 단어	쓰기 연습 [윗줄에 단어, 아랫줄에 짝 단어와 뜻 쓰기]
221 **blood** [blʌd]	명 ¹피 ²혈통	ood blo
		b _____, 혈통
222 pure [pjur]	형 순수한 pure blood 순수한 피	re pu
		p blood _____ 피
223 royal [rɔ́iəl]	형 왕족의, 왕의 royal blood 왕족의 피	yal ro
		r b _____ 피
224 type [taip]	명 형태, 종류 blood type 혈액형	pe ty
		b t _____
225 flow [flou]	동 흐르다 blood flows 피가 흐르다	ow fl
		f s 피가 _____
226 **neighbor** [néibər]	명 이웃	ighbor neigh
		n
227 near [niər]	형 가까운 부 가까이 (a) near neighbor 가까운 이웃	ar ne
		(a) n neighbor _____ 이웃
228 noisy [nɔ́izi] 파 noise 명 소음	형 시끄러운 a noisy neighbor 시끄러운 이웃	sy noi
		a n n _____ 이웃
229 wake [weik]	동 깨우다, 깨다 wake neighbors 이웃들을 깨우다	ke wa
		w n s _____
230 complain [kəmpléin]	동 불평하다 neighbors complain 이웃들이 불평하다	plain compl
		s c 이웃들이 _____

224 blood type을 blood group이라고 쓰기도 해요. 대부분의 서양 사람들은 혈액형이 141 character(성격)과는 별로 관련이 없다고 생각해요.

A 그림을 보고 단어를 연상하여 빈칸에 알맞은 뜻을 쓰세요.

1
blood   pure

_____   _____

royal

_____

flow   type

_____   _____

2
neighbor   near

_____   _____

complain   wake   noisy

_____   _____   _____

B 뜻을 읽고 단어의 짝을 맞추어 빈칸에 알맞은 영단어를 쓰세요.

1 순수한 피   _____ blood

2 왕족의 피   _____ blood

3 혈액형   _____ _____

4 이웃들이 불평하다 _____ s _____

5 가까운 이웃   (a) _____ neighbor

6 시끄러운 이웃   a _____ neighbor

7 이웃들을 깨우다 _____ _____ s

8 피가 흐르다   _____ _____ s

C 우리말에 알맞게 영어 문장을 완성하세요.

1 What _____ _____ do you have?
혈액형이 뭐니?

2 My _____ _____ ed about the noise.
나의 이웃들은 소음에 대해 불평했다.

3 I have a _____ _____ next door.
우리 옆집에 시끄러운 이웃이 있다.

4 Koreans are proud of their _____
_____.
한국인들은 그들의 순수 혈통을 자랑스러워한다.

5 Don't _____ up our _____.
우리 이웃들을 깨우지 마세요.

6 Warm _____ _____s out from his body.
그의 몸에서 따뜻한 피가 흘러 나왔다.

7 _____ _____ flows in his body.
그의 몸에는 왕족의 피가 흐르고 있다.

8 _____ _____ is better than a distant cousin.
가까운 이웃이 먼 사촌보다 낫다.

24 Weather Forecast
날씨 예보

단어	뜻, 짝 단어	쓰기 연습 [윗줄에 단어, 아랫줄에 짝 단어와 뜻 쓰기]
231 **weather** [wéðər]	명 날씨, 기상	ather　　weat w　　　　　　　　　　, 기상
232 condition [kəndíʃən]	명 상태 **weather** condition 날씨 상태, 기상 상태	dition　　condit weather c　　　　날씨
233 check [tʃek]	명 확인 동 확인하다 check (the) **weather** 날씨를 확인하다	eck　　che c　　(the) w　　날씨를
234 report [ripɔ́ːrt]	명 발표, 보고 동 발표하다 **weather** report 날씨 발표, 기상 예보	port　　rep w　　r
235 forecast [fɔ́ːrkæst]	명 예보 동 예보하다 **weather** forecast 날씨 예보	cast　　fore f　　날씨
236 **passenger** [pǽsindʒər]	명 승객	enger　　passen p
237 wait [weit]	동 기다리다 **passengers** wait 승객들이 기다리다	it　　wa p　　s w　　승객들이
238 board [bɔːrd]	동 탑승하다 명 널빤지 **passengers** board 승객들이 탑승하다	ard　　boa p　　s b
239 pass [pæs]	동 통과하다 명 통과 **passengers** pass 승객들이 통과하다	ss　　pa p　　s p
240 ride [raid] ride - rode - ridden	동 타다 **passengers** ride 승객들이 타다	de　　ri s r　　승객들이

238 board '널빤지'의 뜻으로 쓰일 때: ex) a diving board 다이빙대
239 pass에는 여러 가지 뜻이 있어요. 1) 건네다: Pass the salt, please. 소금 좀 건네줄래. 2) (시험에) 통과하다: I passed the test. 시험에 통과했어.

그림을 보고 단어를 연상하여 빈칸에 알맞은 뜻을 쓰세요.

1 weather   condition

_____   _____

check

_____

forecast   report

_____   _____

2 passenger   wait

_____   _____

board

_____

ride   pass

_____   _____

B 뜻을 읽고 단어의 짝을 맞추어 빈칸에 알맞은 영단어를 쓰세요.

1 날씨 상태   weather _____

2 날씨를 확인하다   _____ (the) weather

3 기상 예보   _____ r _____

4 승객들이 타다   _____ _____

5 승객들이 기다리다   passengers _____

6 승객들이 탑승하다   passengers _____

7 승객들이 통과하다   _____ _____

8 날씨 예보   _____ f _____

C 우리말에 알맞게 영어 문장을 완성하세요.

1 I _____ed the _____ before leaving.
나는 떠나기 전에 날씨를 확인했다.

2 I'm watching _____ f_____ on TV.
나는 TV로 날씨 예보를 보고 있다.

3 Many _____ _____ through the airport.
많은 승객들이 그 공항을 통과한다.

4 They prepared for bad _____ _____s.
그들은 나쁜 날씨 상태에 대비했다.

5 Daily, many _____ _____ the subway.
매일 많은 승객들이 지하철을 탄다.

6 _____ _____ed the special plane.
승객들은 특별기에 탑승했다.

7 Check the _____ r_____ on the Internet.
인터넷으로 기상 예보를 확인해라.

8 _____ are _____ing for two hours.
승객들이 두 시간 동안 기다리고 있다.

단어	뜻, 짝 단어	쓰기 연습 [윗줄에 단어, 아랫줄에 짝 단어와 뜻 쓰기]
241 **college** [kɑ́lidʒ]	몡 대학	llege colle c _____
242 **enter** [éntər]	통 들어가다 **enter a college** 대학에 들어가다	ter ent e a college 대학에 _____
243 **life** [laif]	몡 생활 **college life** 대학 생활	fe li c l 대학 _____
244 **course** [kɔːrs]	몡 과정 **a college course** 대학 과정	urse cour a c c _____
245 **library** [láibreri]	몡 도서관 **a college library** 대학 도서관	brary libra a l 대학 _____
246 **talk** [tɔːk]	몡 대화, 이야기 통 말하다	lk ta t _____, 이야기
247 **friendly** [fréndli]	혱 친근한 **a friendly talk** 친근한 대화	iendly friend a f talk _____ 대화
248 **lively** [láivli]	혱 활기(생기) 넘치는 **a lively talk** 활기(생기) 넘치는 대화	ly live a l t _____ 대화
249 **avoid** [əvɔ́id]	통 피하다 **avoid talking** 대화를 피하다	id avo a t ing _____
250 **finish** [fíniʃ]	통 끝내다 **finish talk** 대화를 끝내다	nish fini f 대화를 _____

 보통 ly를 붙이면 부사가 되지만 '~ㄴ'으로 끝나는 형용사가 되기도 해요.
008 bright(영리한, 밝은) + ly = brightly 툇 영리하게, 밝게, friend(친구) + ly = 247 friendly 혱 친근한, live(살다) + ly = 248 lively 혱 활기(생기) 넘치는

A 그림을 보고 단어를 연상하여 빈칸에 알맞은 뜻을 쓰세요.

1 college   enter

_____   _____

life

_____

library   course

_____   _____

2 talk   friendly

_____   _____

lively   avoid   finish

_____   _____   _____

B 뜻을 읽고 단어의 짝을 맞추어 빈칸에 알맞은 영단어를 쓰세요.

1 대학에 들어가다   _____ a college

2 대학 생활   college _____

3 대학 과정   a _____ _____

4 대화를 끝내다   _____ _____

5 친근한 대화   a _____ talk

6 활기(생기) 넘치는 대화   a _____ talk

7 대화를 피하다   _____ _____ing

8 대학 도서관   a _____ _____

C 우리말에 알맞게 영어 문장을 완성하세요.

1 He enjoys his _____ _____.
그는 대학 생활을 즐기고 있다.

2 A _____ _____ is helpful for us.
친숙한 대화는 우리에게 도움이 된다.

3 I read a novel in the _____ _____.
나는 대학 도서관에서 소설을 읽었다.

4 I _____ed _____ing with the other passengers.
나는 다른 승객들과 이야기하는 것을 피했다.

5 We didn't _____ our _____ yesterday.
우리는 어제 대화를 끝마치지 못했다.

6 I like to _____ a good _____.
나는 좋은 대학에 들어가고 싶다.

7 I began a _____ _____ with a magical tale.
나는 마술 이야기로 활기차게 대화를 시작했다.

8 It is hard to finish the _____ _____.
대학 과정을 끝내는 것은 어렵다.

단어	뜻, 짝 단어	쓰기 연습 [윗줄에 단어, 아랫줄에 짝 단어와 뜻 쓰기]
251 **husband** [hʌ́zbənd]	몡 남편	band　　husb h
252 **future** [fjúːtʃər]	혱 미래의 몡 미래 a future husband 미래의 남편	ture　　futu a f　　husband　　　　남편
253 **ideal** [aidíːəl]	혱 이상적인 an ideal husband 이상적인 남편	eal　　ide an i　　h
254 **meet** [miːt] meet - met - met	동 만나다 meet one's husband 남편을 만나다	et　　me m　　one's h
255 **marry** [mǽri]	동 결혼하다 marry one's husband 남편과 결혼하다	rry　　ma m　　one's　　남편과
256 **vegetable** [védʒtəbl]	몡 채소, 야채	getable　　vegeta v
257 **garden** [gáːrdn]	몡 정원 a vegetable garden 채소밭	en　　gar a vegetable g　　채소
258 **root** [ruːt]	몡 뿌리 root vegetables 뿌리 채소(무, 감자 등)	ot　　ro r　　v　　s　　채소
259 **fresh** [freʃ]	혱 신선한 fresh vegetables 신선한 채소	sh　　fre f　　v　　s
260 **add** [æd]	동 더하다, 넣다 add vegetables 채소를 더하다(넣다)	d　　a a　　s　　채소를

영어의 어원을 보면 원래의 뜻이 시간이 지나면서 조금씩 변했다는 것을 알 수 있어요.
251 hus(house 집) + band(= owner 주인) = 원래 '집의 주인'이라는 뜻이었다가 '남편'으로 뜻이 바뀌었죠. 이처럼 언어는 시간이 흐르면서 조금씩 변하는 특성이 있어요.

그림을 보고 단어를 연상하여 빈칸에 알맞은 뜻을 쓰세요.

1 husband   future

_____   _____

ideal

_____

marry   meet

_____   _____

2 vegetable   garden

_____   _____

add

_____

root   fresh

_____   _____

B 뜻을 읽고 단어의 짝을 맞추어 빈칸에 알맞은 영단어를 쓰세요.

1 미래의 남편   a _____ husband

2 이상적인 남편   an _____ husband

3 남편을 만나다   _____ one's _____

4 채소를 더하다   _____ _____s

5 채소밭   a vegetable _____

6 뿌리 채소   _____ vegetables

7 신선한 채소   _____ _____s

8 남편과 결혼하다   _____ one's _____

C 우리말에 알맞게 영어 문장을 완성하세요.

1 Heat oil in a pan and _____ _____s.
프라이팬에 기름을 달군 후 야채를 넣으세요.

2 I also like to have a _____ _____.
나도 채소밭을 가지고 싶다.

3 She wanted to _____ her _____ first.
그녀가 먼저 남편과 결혼하기 원했다.

4 I _____ her _____ at the airport.
나는 공항에서 그녀의 남편을 만났다. (과거 동사)

5 She married an _____ _____.
그녀는 이상적인 남편과 결혼했다.

6 I like to see my _____ _____ in my dream.
꿈에서 내 미래 남편을 봤으면 좋겠어.

7 Eating _____ _____s is good for you.
신선한 야채를 먹는 것은 너에게 좋다.

8 _____ _____s need checking once a week.
뿌리 채소는 1주일에 한 번 점검이 필요하다.

22~26과 다시 써 보기

A 다음 그림을 보고 빈칸을 채우세요. (우리말은 영어로, 영어는 우리말로 쓰세요.)

① 피, 혈통   pure

_____   _____

Pure royal blood flows in my body.

왕족의, 왕의

_____

flow   형태, 종류

_____   _____

② 방학   plan

_____   명_____

형_____

during

_____

¹ 보내다   enjoy
² (돈을) 쓰다

_____

B 뜻을 읽고 단어의 짝을 맞추어 빈칸에 알맞은 영단어를 쓰세요.

① 친근한 대화   a _____ talk

② 활기(생기) 넘치는 대화   a _____ talk

③ 대화를 피하다   _____ _____ ing

④ 대화를 끝내다   _____ _____

⑤ 미래의 남편   a _____ husband

⑥ 이상적인 남편   an _____ husband

⑦ 남편을 만나다   _____ one's _____

⑧ 남편과 결혼하다   _____ one's _____

⑨ 채소밭   a vegetable _____

⑩ 뿌리 채소   _____ vegetables

⑪ 신선한 채소   _____ _____ s

⑫ 채소를 더하다   _____ _____ s

⑬ 가까운 이웃   (a) _____ neighbor

⑭ 시끄러운 이웃   a _____ neighbor

⑮ 이웃들을 깨우다   _____ _____ s

⑯ 이웃들이 불평하다   _____ s

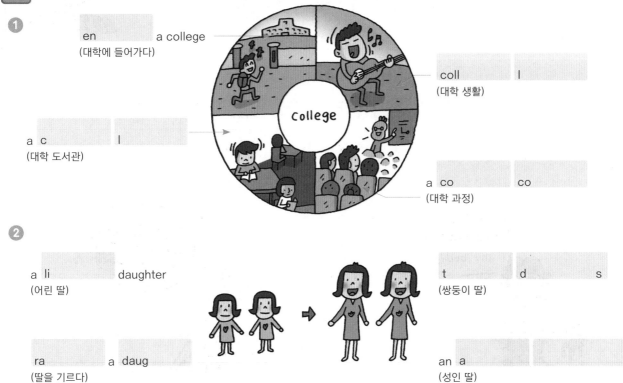

C 다음 그림을 보고 빈칸을 채우세요.

① en _____ a college
(대학에 들어가다)

coll _____ l _____
(대학 생활)

a c _____ l _____
(대학 도서관)

a co _____ co _____
(대학 과정)

② a li _____ daughter
(어린 딸)

t _____ d _____ s _____
(쌍둥이 딸)

ra _____ a daug _____
(딸을 기르다)

an a _____ _____
(성인 딸)

D 주어진 단어를 참고해서 빈칸에 알맞은 단어를 쓰세요.

① _____ _____ the _____ plane.
(special / boarded)
승객들은 특별기에 탑승했다.

② I _____ the _____ before leaving.
(checked)
나는 떠나기 전에 날씨를 확인했다.

③ Many _____ _____ through the _____. (airport / passengers)
많은 승객들이 그 공항을 통과한다.

④ They prepared for bad _____ _____.
(conditions)
그들은 나쁜 날씨 상태에 대비했다.

틀린 단어를 다시 한번 쓰면서 확실히 익히세요.

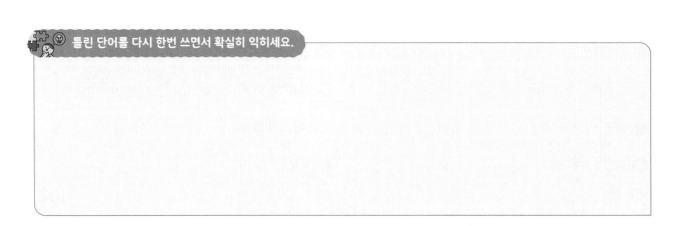

Cook Cabbage!

양배추를 요리해라!

음원 듣기

단어	뜻, 짝 단어	쓰기 연습 [윗줄에 단어, 아랫줄에 짝 단어와 뜻 쓰기]
261 **cabbage** [kǽbidʒ]	명 양배추	bage　　cabba c　　　　　　　　　_____
262 **leaf** [liːf]	명 잎 **a cabbage leaf** 양배추 잎 복수형 **leaves** 잎들	af　　　le a cabbage l　　　　양배추 _____
263 **chop** [tʃap]	동 자르다, 썰다 **chop** cabbage 양배추를 자르다	op　　　ch c　　　c　　　　_____
264 **boil** [bɔil]	동 끓이다, 끓다 **boil** cabbage 양배추를 끓이다	il　　　bo b　　　c　　　　_____
265 **cook** [kuk]	동 요리하다 명 요리사 **cook** cabbage 양배추를 요리하다	ok　　　co c　　　　　양배추를 _____
266 **collection** [kəlékʃn]	명 수집(품), 소장품 파 **collect** 동 모으다	llection　　collect c　　　　_____, 소장품
267 **coin** [kɔin]	명 동전 **a coin** collection 동전 수집	in　　　co a c　　　collection _____ 수집
268 **get** [get]	동 얻다 **get a** collection 수집품을 얻다	t　　　g g　　　a c　　　_____
269 **own** [oun]	형 자신의 동 소유하다 **own** collection 자신의 소집품	wn　　　o o　　　c　　　_____
270 **show** [ʃou]	동 보여 주다 **show a** collection 수집품을 보여 주다	ow　　　sh s　　　a　　　수입품을 _____

 ²⁶⁵ cook은 '요리하다'와 '요리사'라는 두 가지 뜻이 있어요. 요리사를 cooker라고 하기 쉬운데 cooker는 '요리 도구'를 말해요.

A 그림을 보고 단어를 연상하여 빈칸에 알맞은 뜻을 쓰세요.

1   cabbage   leaf

_____   _____

cook   boil   chop

_____   _____   _____

2   collection   coin

_____   _____

show   own   get

_____   _____   _____

B 뜻을 읽고 단어의 짝을 맞추어 빈칸에 알맞은 영단어를 쓰세요.

1 양배추 잎   a cabbage _____

2 양배추를 자르다   _____ cabbage

3 양배추를 끓이다   _____ _____

4 수집품을 보여 주다   _____ a _____

5 동전 수집   a _____ collection

6 수집품을 얻다   _____ a collection

7 자신의 수집품   _____ _____

8 양배추를 요리하다   _____ _____

C 우리말에 알맞게 영어 문장을 완성하세요.

1 The artist has a _____ _____.
그 예술가는 동전을 수집한다.

2 _____ _____ leaves in a large pot.
큰 냄비에 양배추 잎을 끓여라.

3 Place a _____ _____ on a flat dish.
양배추 잎을 평평한 접시에 놓으세요.

4 I will _____ you my private _____.
내 사적인(개인적인) 소장품을 보여 줄게.

5 _____ _____ for two minutes in boiling water.
끓는 물에 2분 동안 양배추를 요리해라

6 You can make your _____ _____.
너는 자신의 수집품을 만들 수 있다.

7 I _____ a _____ here.
나는 여기서 수집품을 얻는다.

8 Wash and _____ up the fresh _____.
저 신선한 양배추를 씻고 잘라라.

28 Nail Scissors

손톱 가위

단어	뜻, 짝 단어	쓰기 연습 [윗줄에 단어, 아랫줄에 짝 단어와 뜻 쓰기]
271 **scissors** [sízərz]	몡 가위	issors scisso s _____
272 **sharp** [ʃɑːrp]	혱 날카로운 **sharp** scissors 날카로운 가위	arp sha s scissors _____ 가위
273 **use** [juːs]	됭 사용하다 **use** scissors 가위를 사용하다	e u u s 가위를 _____
274 **nail** [neil]	몡 ¹손톱, 발톱 ²못 **nail** scissors 손톱 가위	il na n s _____
275 **cut** [kʌt] cut - cut - cut	됭 자르다 **cut with** scissors 가위로 자르다	t c c with 가위로 _____
276 **country** [kʌ́ntri]	몡 ¹국가 ²(the ~) 시골	untry count c _____, 시골
277 **lead** [liːd] 팬 **leader** 몡 지도자	됭 이끌다 **lead one's** country 나라를 이끌다	ad le l one's country 나라를 _____
278 **rule** [ruːl]	됭 통치하다 몡 규칙 **rule one's** country 나라를 통치하다	le ru r one's c 나라를 _____
279 **protect** [prətékt]	됭 보호하다, 지키다 **protect one's** country 나라를 보호하다(지키다)	otect prote p one's c _____
280 **save** [seiv]	됭 ¹구하다 ²(돈을) 모으다 **save one's** country 나라를 구하다	ve sa s one's 나라를 _____

271 가위는 두 개의 날을 결합한 자르는 도구라서 's'를 붙여요.

278 rule '규칙'의 뜻일 때: ex) We must follow the rules. 우리는 규칙을 따라야 한다.

280 save '(돈을) 모으다'의 뜻일 때: ex) I will save money little by little. 나는 조금씩 돈을 모을 거야.

A 그림을 보고 단어를 연상하여 빈칸에 알맞은 뜻을 쓰세요.

1   scissors   sharp

_____   _____

use

_____

cut   nail

_____   _____

2   country   lead

_____   _____

rule

_____

save   protect

_____   _____

B 뜻을 읽고 단어의 짝을 맞추어 빈칸에 알맞은 영단어를 쓰세요.

1 날카로운 가위   _____ scissors

2 가위를 사용하다   _____ scissors

3 손톱 가위   _____ _____

4 나라를 구하다   _____ one's _____

5 나라를 이끌다   _____ one's country

6 나라를 통치하다   _____ one's country

7 나라를 보호하다   _____ one's _____

8 가위로 자르다   _____ with _____

C 우리말에 알맞게 영어 문장을 완성하세요.

1 Can I _____ your _____?
가위 좀 사용할 수 있을까요?

2 They _____d our _____ from Japan.
그들은 일본으로부터 우리나라를 구했다.

3 Army _____s our _____.
군대는 우리나라를 보호한다.

4 He likes _____ _____ more than clippers.
그는 손톱깎이보다 손톱 가위를 더 좋아한다.

5 The king _____d his _____.
왕은 그의 나라를 통치했다.

6 He wanted his son to _____ his _____.
그는 아들이 나라를 이끌어 주기를 원했다.

7 Be careful when you use the _____ _____.
날카로운 가위를 사용할 때는 조심해라.

8 I _____ paper with _____.
나는 가위로 종이를 잘랐다.

Bringing a Present

선물 가져오기

단어	뜻, 짝 단어	쓰기 연습 [윗줄에 단어, 아랫줄에 짝 단어와 뜻 쓰기]
281 **ankle** [ǽŋkl]	명 발목	kle　　　　ank a　　　　　　　　　　_____
282 **hurt** [hə:rt] hurt - hurt - hurt	동 다치다 hurt one's ankle 발목을 다치다	rt　　　　hu h　　　　one's ankle　　발목을 _____
283 **pain** [pein]	명 통증, 아픔 pain in one's ankle 발목의 통증	in　　　　pa p　　　in one's　　　　발목의 _____
284 **twist** [twist]	동 ¹삐다 ²비틀다 twist one's ankle 발목을 삐다	ist　　　　twi t　　　one's　　　　_____
285 **break** [breik] break - broke - broken	동 ¹부러지다 ²깨지다 break one's ankle 발목이 부러지다	eak　　　　bre b　　　one's a　　　발목이 _____
286 **present** [préznt]	명 ¹선물 ²현재 형 현재의	sent　　　　pres p　　　　　　　　명 _____, 현재
287 **bring** [briŋ] bring - brought - brought	동 가져오다 bring a present 선물을 가져오다	ing　　　　br b　　　a p　　　　선물을 _____
288 **exchange** [ikstʃéindʒ]	동 교환하다 exchange presents 선물을 교환하다	change　　　excha e　　　p　　　s　　선물을 _____
289 **expensive** [ikspénsiv]	형 비싼 an expensive present 비싼 선물	pensive　　　expens an e　　　　p　　　_____
290 **worst** [wə:rst]	형 최악의, 가장 나쁜 the worst present 최악의 선물	rst　　　　wor the w　　　　　　_____ 선물

²⁸⁶ present와 gift는 둘 다 '선물'인데 present는 친구 사이나 어른한테 하는 선물이고, gift는 어른이 아이한테 하는 선물로 많이
쓰여요. present '현재의' 뜻일 때: ex) present job 현재의 직업
²⁹⁰ worst: bad(나쁜) - worse(더 나쁜) - worst(최악의, 가장 나쁜)

그림을 보고 단어를 연상하여 빈칸에 알맞은 뜻을 쓰세요.

1

ankle   hurt

_____   _____

I hurt my ankle.
Did I twist it
or break it?

pain

_____

break   twist

_____   _____

2

present   bring

_____   _____

Oh,
expensive!

Oh,
worst!

exchange

_____

expensive   worst

_____   _____

B 뜻을 읽고 단어의 짝을 맞추어 빈칸에 알맞은 영단어를 쓰세요.

1 발목을 다치다 _____ one's ankle

2 발목의 통증 _____ in one's ankle

3 발목을 삐다 _____ one's _____

4 최악의 선물 the _____ _____

5 선물을 가져오다 _____ a present

6 선물을 교환하다 _____ presents

7 비싼 선물 an _____

8 발목이 부러지다 _____ one's _____

C 우리말에 알맞게 영어 문장을 완성하세요.

1 We _____d little _____s.
우리는 작은 선물을 교환했다.

2 _____ a _____ for your friend.
너의 친구를 위해 선물을 가져와라.

3 He _____ his _____ during vacation.
그는 방학 동안 발목을 다쳤다.

4 The best gift is not an _____ p_____.
최고의 선물이 비싼 선물은 아니다.

5 He fell down and _____ his _____.
그는 넘어져서 발목이 부러졌다. (과거 동사)

6 The _____ in my _____ is terrible.
발목 통증이 아주 심하다.

7 He showed us the _____ _____.
그는 우리에게 최악의 선물을 보여 줬다.

8 I _____ed my _____ playing soccer.
나는 축구를 하다가 발목이 삐었다.

지구라는 행성

단어	뜻, 짝 단어	쓰기 연습 [윗줄에 단어, 아랫줄에 짝 단어와 뜻 쓰기]
291 **earth** [əːrθ]	몡 ¹지구 ²땅 ³흙	rth　　　ear e　　　　　　　　　　, 땅, 흙
292 planet [plǽnit]	몡 행성 planet Earth 지구라는 행성	anet　　　plan p　　　Earth　　지구라는
293 above [əbʌ́v]	젠 ~ 위에 부 위에 above the earth 지구 위에	ove　　　abo a　　　the e
294 move [muːv]	동 움직이다 the earth moves 지구가 움직이다	ve　　　mo the e　　m　　　　움직이다
295 around [əráund]	젠 ~ 주위를 돌아 부 대략 around the earth 지구 주위를 돌아	ound　　　arou a　　　the　　　지구
296 **accident** [ǽksidənt]	몡 ¹사고, 사건 ²우연 by accident 우연히	cident　　　accid a　　　　　　　　　, 우연
297 traffic [trǽfik]	몡 교통 a traffic accident 교통 사고	affic　　　traff a t　　　accident　　　사고
298 happen [hǽpən]	동 발생하다, 일어나다 an accident happens 사고가 발생하다	ppen　　　happ an a　　　h　　　사고가
299 serious [síriəs]	형 심각한 a serious accident 심각한 사고	rious　　　serio a s　　　a
300 terrible [térəbl]	형 끔찍한 a terrible accident 끔찍한 사고	rible　　　terri a t　　　　　　　사고

 ²⁹¹ earth는 보통 우리가 살고 있는 '지구'라는 뜻일 때는 소문자로 쓰고 앞에 the를 붙여요. 하지만 ²⁹² planet Earth처럼 Earth가 '행성, 천체'의 뜻을 포함하면 대문자로 써요.

²⁹⁶ accident에 by가 붙어 by accident가 되면 '우연히'라는 뜻이 돼요.

① earth   planet

_____   _____

above

_____

around   move

_____

② accident   traffic

_____   _____

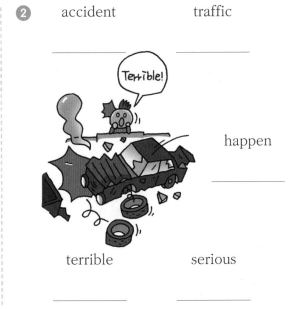

happen

_____

terrible   serious

_____

B 뜻을 읽고 단어의 짝을 맞추어 빈칸에 알맞은 영단어를 쓰세요.

① 지구라는 행성   _____ Earth

② 지구 위에   _____ the earth

③ 지구가 움직이다   the _____ _____

④ 끔찍한 사고   a _____ _____

⑤ 교통 사고   a _____ accident

⑥ 사고가 발생하다   an accident _____

⑦ 심각한 사고   a _____ _____

⑧ 지구 주위를 돌아   _____ the _____

C 우리말에 알맞게 영어 문장을 완성하세요.

① This _____ _____ed this morning.
그 사고는 오늘 아침에 일어났다.

② They were in a _____ _____.
그들은 심각한 사고를 당했다.

③ Our _____ _____ doesn't have own light.
우리 지구라는 행성은 자체의 빛이 없다.

④ When did the _____ _____ happen?
그 교통 사고는 언제 발생했죠?

⑤ The _____ _____ around the sun.
지구는 태양의 주위를 돈다.

⑥ The moon moves _____ the _____.
달은 지구의 주위를 돈다.

⑦ A _____ _____ changed my life.
끔찍한 사고가 내 인생을 바꾸어 놓았다.

⑧ They were 190 kilometers _____ the _____.
그들은 지구에서 190킬로미터 위에 있었다.

단어	뜻, 짝 단어	쓰기 연습 [윗줄에 단어, 아랫줄에 짝 단어와 뜻 쓰기]
301 **change** [tʃéindʒ]	똉 변화 뙭 바꾸다	ange chan c _____ 똉 _____
302 global [glóubl]	똉 ¹지구의 ²세계적인 **global** change 지구의 변화, 세계적인 변화	obal glob g _____ change _____ 변화
303 climate [kláimit]	똉 기후 **climate** change 기후 변화	imate clima c c _____
304 temperature [témpərətʃər]	똉 온도, 기온 **temperature** change 온도 변화	perature temper t c _____
305 unwelcome [ʌnwélkəm]	똉 반갑지 않은 **unwelcome** change 반갑지 않은 변화	welcome unwel u _____ 변화
306 **match** [mætʃ]	똉 경기, 시합 뙭 어울리다	tch mat m _____ 똉 _____, 시합
307 play [plei]	뙭 ¹(경기를) 하다 ²놀다 **play** a match 경기를 하다	ay pl p _____ a match 경기를 _____
308 watch [wɑtʃ]	뙭 ¹지켜보다 ²주의하다 **watch** a match 경기를 지켜보다	tch wat w _____ a m _____
309 against [əgénst]	젼 ~와 맞선, ~에 대항하여 the match **against** ~와 맞선 경기	ainst again the m _____ a _____
310 between [bitwíːn]	젼 ~ 사이에 a match **between** ~ 사이의 경기	tween betw a _____ b _____ 경기

305 unwelcome 반갑지 않은 = un(not) + welcome(반가운)

306 match에는 '어울리다' 라는 뜻도 있어요. ex) Her skirt matches her shirts. 그녀의 치마는 셔츠와 어울린다.

308 watch에는 '주의하다' 라는 뜻도 있어요. ex) Watch out! 조심해!

그림을 보고 단어를 연상하여 빈칸에 알맞은 뜻을 쓰세요.

① change　　　　global

_____　　_____

② match　　　　play

_____　　_____

climate

_____

watch

_____

unwelcome　　temperature

_____　　_____

between　　　against

_____　　_____

B **뜻을 읽고 단어의 짝을 맞추어 빈칸에 알맞은 영단어를 쓰세요.**

① 지구의 변화　　_____ change

② 기후 변화　　_____ change

③ 온도 변화　　_____ _____

④ ~ 사이의 경기　　a _____ _____

⑤ 경기를 하다　　_____ a match

⑥ 경기를 지켜보다　　_____ a match

⑦ ~와 맞선 경기　　the _____ _____

⑧ 반갑지 않은 변화　　_____ _____

C **우리말에 알맞게 영어 문장을 완성하세요.**

① The _____ _____ the two was lively.
둘 사이의 경기는 활기찼다.

② We won the _____ _____ China 3-1.
우리는 중국과 맞선 경기에서 3:1로 이겼다.

③ I planed to _____ the soccer _____ with her.
나는 그녀와 축구 경기를 보기로 계획했다.

④ It protects us from _____ _____.
그것은 온도 변화로부터 우리를 보호해 준다.

⑤ _____ _____ can be our future problem.
미래에 지구 변화는 우리의 문제일 수 있다.

⑥ _____ _____ is one serious example.
기후 변화가 하나의 심각한 예이다.

⑦ I hate _____ _____.
나는 반갑지 않은 변화가 싫다.

⑧ We'll _____ the _____ if the weather is good.
날씨가 좋으면 경기를 할 것이다.

27~31과 다시 써 보기

A 다음 그림을 보고 빈칸을 채우세요. (우리말은 영어로, 영어는 우리말로 쓰세요.)

① 가져오다   present

_____   명 _____

                  형 _____

② 양배추   잎

_____   _____

expensive   worst   교환하다

_____   _____   _____

자르다, 썰다   cook   boil

_____   동_____   _____

                   명_____

B 뜻을 읽고 단어의 짝을 맞추어 빈칸에 알맞은 영단어를 쓰세요.

① 동전 수집   a _____ collection

② 수집품을 얻다   _____ a collection

③ 자신의 소집품   _____ _____

④ 소집품을 보여 주다   _____ a _____

⑤ 지구라는 행성   _____ Earth

⑥ 지구 위에   _____ the earth

⑦ 지구가 움직이다   the _____ _____

⑧ 지구 주위를 돌아   _____ the _____

⑨ 교통 사고   a _____ accident

⑩ 사고가 발생하다   an accident _____

⑪ 심각한 사고   a _____ _____

⑫ 끔찍한 사고   a _____ _____

⑬ 지구의 변화   _____ change

⑭ 기후 변화   _____ change

⑮ 온도 변화   _____ _____

⑯ 반갑지 않은 변화   _____ _____

C 다음 그림을 보고 빈칸을 채우세요.

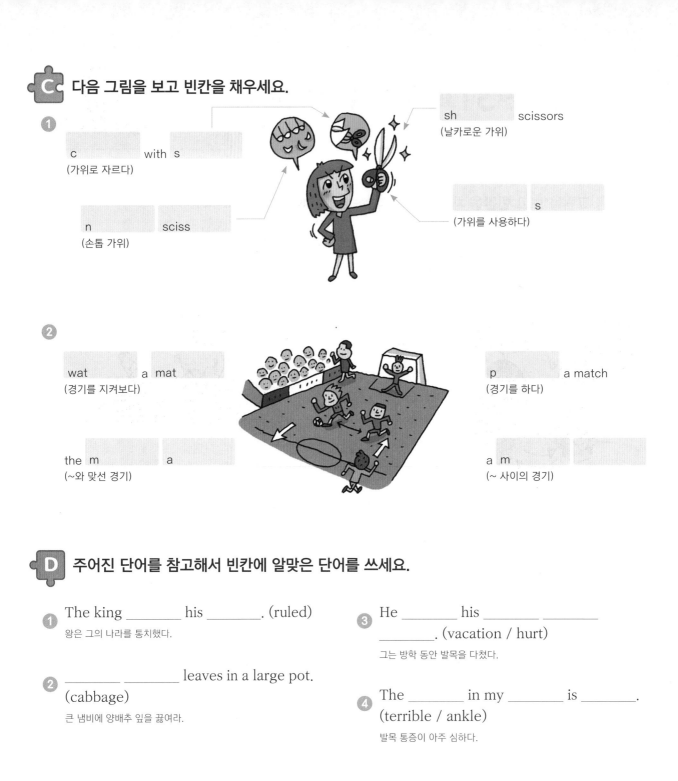

① sh_____ scissors
(날카로운 가위)

c_____ with s_____
(가위로 자르다)

n_____ sciss_____
(손톱 가위)

_____ _____ s
(가위를 사용하다)

② wat_____ a mat_____
(경기를 지켜보다)

p_____ a match
(경기를 하다)

the m_____ a_____
(~와 맞선 경기)

a m_____ _____
(~ 사이의 경기)

D 주어진 단어를 참고해서 빈칸에 알맞은 단어를 쓰세요.

① The king _____ his _____. (ruled)
왕은 그의 나라를 통치했다.

② _____ _____ leaves in a large pot. (cabbage)
큰 냄비에 양배추 잎을 끓여라.

③ He _____ his _____ _____ _____. (vacation / hurt)
그는 방학 동안 발목을 다쳤다.

④ The _____ in my _____ is _____. (terrible / ankle)
발목 통증이 아주 심하다.

틀린 단어를 다시 한번 쓰면서 확실히 익히세요.

단어	뜻, 짝 단어	쓰기 연습 [윗줄에 단어, 아랫줄에 짝 단어와 뜻 쓰기]
311 **customer** [kʌ́stəmər]	몡 고객	stomer custom c _____
312 question [kwéstʃən]	몡 질문 a customer question 고객 질문	estion quest a customer q 고객 _____
313 order [ɔ́ːrdər]	됭 주문하다 몡 주문 a customer orders 고객이 주문하다	der ord a c o s 고객이 _____
314 agree [əgríː]	됭 동의하다 a customer agrees 고객이 동의하다	ree agr a c a s _____
315 information [infərméiʃn]	몡 정보 customer information 고객 정보	formation informat i 고객 _____
316 **experience** [ikspíəriəns]	몡 경험	perience experi e
317 childhood [tʃáildhud]	몡 어린 시절 a childhood experience 어린 시절 경험	ildhood child a c experience _____ 경험
318 unique [juːníːk]	혱 독특한 a unique experience 독특한 경험	ique uni a u e _____
319 direct [dirékt]	혱 직접적인 a direct experience 직접적인 경험	rect dire a d e _____
320 travel [trǽvl]	몡 여행 됭 여행하다 a travel experience 여행 경험	vel trav a t _____ 경험

314 agree의 반대말은 앞에 dis를 붙여 disagree(동의하지 않다)로 써요.

315 information도 '하나의 정보'라고 표현할 때는 196 piece를 써서 a piece of information '하나의 정보'라고 해요.

그림을 보고 단어를 연상하여 빈칸에 알맞은 뜻을 쓰세요.

1 customer   question

_____   _____

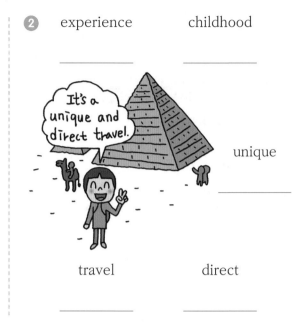

order

_____

information   agree

_____   _____

2 experience   childhood

_____   _____

unique

_____

travel   direct

_____   _____

B 뜻을 읽고 단어의 짝을 맞추어 빈칸에 알맞은 영단어를 쓰세요.

1 고객 질문   a customer _____

2 고객이 주문하다   a customer _____ s

3 고객이 동의하다   a _____ _____ s

4 여행 경험   a _____ _____

5 어린 시절 경험   a _____ experience

6 독특한 경험   a _____ experience

7 직접적인 경험   a _____ _____

8 고객 정보   _____ _____

C 우리말에 알맞게 영어 문장을 완성하세요.

1 Her _____ _____ s were clear.
그녀의 어린 시절 경험은 뚜렷했다.

2 It came from the personal _____ _____.
그것은 개인적인 여행 경험에서 나왔다.

3 Riding a horse is a _____ _____.
승마는 독특한 경험이다.

4 The _____ _____ed the smooth carpet.
그 고객이 부드러운 카펫을 주문했다.

5 He has to answer _____ _____ s.
그는 고객 질문에 답해야 한다.

6 This is useful _____ _____.
이것은 유용한 고객 정보이다.

7 The _____ didn't _____ with that.
그 고객은 그것에 동의하지 않았다.

8 He has the _____ _____ of a traffic accident.
그는 교통 사고의 직접적인 경험이 있다.

33 A Museum Tour

박물관 관광

단어	뜻, 짝 단어	쓰기 연습 [윗줄에 단어, 아랫줄에 짝 단어와 뜻 쓰기]
321 **museum** [mjuːzíːəm]	명 박물관	seum　　muse m　　　　　　　_____
322 national [nǽʃənəl]	형 국가의 a national museum 국립 박물관	ional　　nation a n　　museum　_____ 박물관
323 build [bíld] build - built - built	동 짓다, 건설하다 build a museum 박물관을 짓다.	ild　　bui b　　a m　　박물관을 _____
324 visit [vízit]	동 방문하다 visit a museum 박물관을 방문하다	sit　　vis v　　a m　　_____
325 tour [tuər]	명 관광, 여행 a museum tour 박물관 관광(견학)	ur　　to a　　t　　박물관 _____
326 **contest** [kántest]	명 대회, 시합	ntest　　cont c　　　　　　_____, 시합
327 international [intərnǽʃənəl]	형 국제적인 an international contest 국제 대회	national　　internat an i　　contest　_____ 대회
328 speech [spíːtʃ]	명 연설 a speech contest 말하기 대회	eech　　spee a s　　c
329 win [win] win - won - won	동 ¹이기다 ²(상 등을) 타다 win a contest 대회에서 이기다	n　　w w　　a c
330 lose [luːz] lose - lost - lost	동 ¹지다 ²잃어버리다 lose a contest 대회에서 지다	se　　lo l　　a　　대회에서 _____

 inter(사이) + ³²²national(국가의) = ³²⁷international 국가 사이에 → 국제의

³²⁵tour는 주위를 돌면서 둘러보는 관광, trip은 보통 짧은 여행(갔다가 돌아오는 것), ³²⁰travel은 한곳에서 다른 곳으로 가는 여행으로, 보통 장기 여행을 말해요.

A 그림을 보고 단어를 연상하여 빈칸에 알맞은 뜻을 쓰세요.

1   museum   national

_____   _____

build

_____

tour   visit

_____   _____

2   contest   international

_____   _____

speech

_____

win   lose

_____   _____

B 뜻을 읽고 단어의 짝을 맞추어 빈칸에 알맞은 영단어를 쓰세요.

1 국립 박물관   a _____ museum

2 박물관을 짓다   _____ a museum

3 박물관을 방문하다   _____ a _____

4 대회에서 지다   _____ a _____

5 국제 대회   an _____ contest

6 말하기 대회   a _____ contest

7 대회에서 이기다   _____ a _____

8 박물관 관광   a _____ _____

C 우리말에 알맞게 영어 문장을 완성하세요.

1 The city plans to _____ a _____.
그 도시는 박물관을 지을 계획이다.

2 I think my team will _____ the _____.
우리 팀이 대회에서 질 것 같아.

3 He likes to join the _____ _____.
그는 그 국제 대회에 참가하고 싶어 한다.

4 It was the first _____ _____ in the world.
그것은 세계 최초의 국립 박물관이다.

5 She did her best to _____ the _____.
그녀는 그 대회에서 이기려고 최선을 다했다.

6 Let's _____ a history _____.
역사 박물관을 방문해 보자.

7 She won a prize in the _____ _____.
그녀는 말하기 대회에서 상을 받았다.

8 The _____ _____ was the worst yesterday.
어제 박물관 견학은 최악이었다.

Let's Recycle Waste.

쓰레기를 재활용하자.

단어	뜻, 짝 단어	쓰기 연습 [윗줄에 단어, 아랫줄에 짝 단어와 뜻 쓰기]		
331 **waste** [weist]	몡 폐기물, 쓰레기 통 낭비하다	ste was		
		w	몡 _____, 쓰레기	
332 household [háushould]	몡 가정 **household** waste 가정 폐기물	usehold house		
		h w	_____ 폐기물	
333 produce [prədʒúːs] 파 **product** 몡 생산품	통 생산하다 **produce** waste 폐기물을 생산하다	duce pro		
		p w	폐기물을 _____	
334 store [stɔːr]	통 저장하다 몡 가게 **store** waste 폐기물을 저장하다	ore sto		
		s w		
335 recycle [riːsáikl]	통 재활용하다 **recycle** waste 폐기물을 재활용하다	cycle recy		
		r	폐기물을 _____	
336 **lesson** [lésn]	몡 ¹수업 ²교훈 ³과	sson less		
		l	_____, 교훈, 과	
337 teach [tiːtʃ] teach - taught - taught	통 가르치다 **teach** a lesson 수업(교훈)을 가르치다	ch tea		
		t a lesson	수업을 _____	
338 remember [rimémbər]	통 기억하다 **remember** a lesson 수업(교훈)을 기억하다	member remem		
		r a l		
339 learn [ləːrn]	통 배우다 **learn** a lesson 수업(교훈)을 배우다	arn lea		
		l a l		
340 forget [fərgét]	통 잊어버리다 **forget** a lesson 수업(교훈)을 잊어버리다.	get for		
		f a	수업을 _____	

 ³³¹ waste는 '낭비하다' 라는 뜻으로도 쓰여요. ex) Don't waste your money. 돈을 낭비하지 마라.
re(다시) + cycle(원, 원 모양으로 돌리는) = ³³⁵ recycle 재활용품이 다시 돌아와서 새 제품으로 → 재활용

A 그림을 보고 단어를 연상하여 빈칸에 알맞은 뜻을 쓰세요.

1 waste   household

_____   _____

produce

_____

recycle   store

_____   _____

2 lesson   teach

_____   _____

Do you remember~?

No, I don't. I forgot it.

remember

_____

forget   learn

_____   _____

B 뜻을 읽고 단어의 짝을 맞추어 빈칸에 알맞은 영단어를 쓰세요.

1 가정 폐기물   _____ waste

2 폐기물을 생산하다   _____ waste

3 폐기물을 저장하다   _____ _____

4 수업을 잊어버리다   _____ a _____

5 수업을 가르치다   _____ a lesson

6 수업을 기억하다   _____ a lesson

7 수업을 배우다   _____ a _____

8 폐기물을 재활용하다   _____ _____

C 우리말에 알맞게 영어 문장을 완성하세요.

1 I don't _____ my first _____.
나는 첫 수업이 기억나지 않는다.

2 She _____ es _____ in piano.
그녀는 피아노 수업을 가르친다.

3 The companies have to _____ _____.
회사들은 폐기물을 재활용해야 한다.

4 It is important to _____ _____.
폐기물을 저장하는 것은 중요하다.

5 He doesn't _____ science _____s.
그는 과학 수업을 배우지 않는다.

6 It is easy to _____ _____s.
수업(교훈)을 잊어버리기는 쉽다.

7 It is true that people _____ _____.
사람들이 폐기물을 생산해 내는 것은 사실이다.

8 The recycling of _____ _____ is useful.
가정 폐기물을 재활용하는 것은 유용하다.

35 Wipe the Dust!
먼지를 닦아라!

음원 듣기

단어	뜻, 짝 단어	쓰기 연습 [윗줄에 단어, 아랫줄에 짝 단어와 뜻 쓰기]		
341 **dust** [dʌst]	몡 먼지	st	du	
		d		_____
342 blow [blou]	동 (바람이 / 입으로) 불다 **blow** (the) dust 먼지를 불다	ow	bl	
		b	(the) dust	먼지를 _____
343 sweep [swiːp] sweep - swept - swept	동 쓸다 **sweep** (the) dust 먼지를 쓸다	eep	swe	
		s	(the) d	_____
344 wipe [waip]	동 닦다 **wipe** (the) dust 먼지를 닦다	pe	wi	
		w	(the) d	_____
345 remove [rimúːv]	동 제거하다 **remove** (the) dust 먼지를 제거하다	move	re	
		r	(the)	먼지를 _____
346 **bottom** [bátəm]	몡 바닥, 맨 아래	ttom	bo	
				_____, 맨 아래
347 sink [siŋk] sink - sank - sank	동 가라앉다 **sink to the** bottom 바닥으로 가라앉다	nk	si	
		s	to the bottom	바닥으로 _____
348 fall [fɔːl] fall - fell - fallen	동 떨어지다 **fall to the** bottom 바닥으로 떨어지다	ll	fa	
		f	to the b	_____
349 reach [riːtʃ]	동 도착하다 **reach the** bottom 바닥에 도착하다	ch	rea	
		r	the b	_____ 도착하다
350 touch [tʌtʃ]	동 닿다, 만지다 **touch the** bottom 바닥에 닿다	uch	tou	
		t	the	바닥에 _____

 re(뒤로) + move(움직이다) = ³⁴⁵ remove (안 보이게) 뒤쪽으로 움직이다 → 제거하다, 여기서 re는 '뒤로'라는 뜻이지만 ³³⁵ recycle 처럼 '다시'라는 뜻도 있어요.

A 그림을 보고 단어를 연상하여 빈칸에 알맞은 뜻을 쓰세요.

1   dust   blow

_____   _____

sweep

_____

remove   wipe

_____   _____

2   bottom   sink

_____   _____

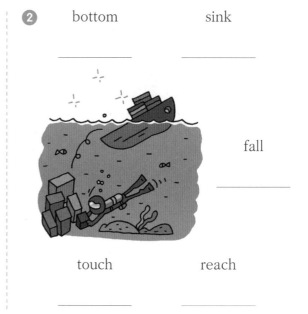

fall

_____

touch   reach

_____   _____

B 뜻을 읽고 단어의 짝을 맞추어 빈칸에 알맞은 영단어를 쓰세요.

1 먼지를 불다   _____ (the) dust

2 먼지를 쓸다   _____ (the) dust

3 먼지를 닦다   _____ (the) _____

4 바닥에 닿다   _____ the _____

5 바닥으로 가라앉다   _____ to the bottom

6 바닥으로 떨어지다   _____ to the bottom

7 바닥에 도착하다   _____ the _____

8 먼지를 제거하다   _____ (the) _____

C 우리말에 알맞게 영어 문장을 완성하세요.

1 W_____ the _____ from your phone.
전화기에 있는 먼지를 닦아라.

2 The box _____ to the _____ of the sea.
그 상자는 바다의 바닥으로 떨어졌다. (과거 동사)

3 The ship began to _____ to the _____.
그 배는 바닥으로 가라앉기 시작했다.

4 He began to _____ the _____ out.
그는 먼지를 밖으로 쓸어 내기 시작했다.

5 Don't stop until you r_____ the _____.
바닥에 도달할 때까지 멈추지 마라.

6 First, r_____ the _____ of coin.
먼저 동전의 먼지를 제거해라.

7 _____ away the _____!
먼지를 불어서 날려 보내!

8 I can t_____ the _____ of a swimming pool.
나는 수영장 바닥에 닿을 수 있다.

36 Shake Your Head!

머리를 흔들어라!

음원 듣기

단어	뜻, 짝 단어	쓰기 연습 [윗줄에 단어, 아랫줄에 짝 단어와 뜻 쓰기]
351 **head** [hed]	몡 머리	ad he h _____
352 **bend** [bend] bend - bent - bent	동 ¹숙이다 ²구부리다 bend one's head 머리를 숙이다	nd be b one's head 머리를 _____
353 **drop** [drɑp]	동 떨어뜨리다 drop one's head 머리를 떨구다	op dr d one's h _____
354 **lift** [lift]	동 들어 올리다 몡 승강기 lift one's head 머리를 들어 올리다	ft li l one's h _____
355 **shake** [ʃeik] shake - shook - shaken	동 흔들다, 흔들리다 shake one's head 머리를 흔들다	ake sh s one's 머리를 _____
356 **favor** [féivər]	몡 ¹호의, 친절 ²부탁	vor fav f _____, 친절, 부탁
357 **need** [niːd]	동 필요하다 need a favor 호의가 필요하다	ed ne n a favor 호의가 _____
358 **ask** [æsk]	동 ¹요청하다 ²질문하다 ask a favor 부탁하다	k a a a f _____
359 **expect** [ikspékt]	동 기대하다 expect a favor 호의를 기대하다	pect expe e a f _____
360 **receive** [risíːv]	동 받다 receive a favor 호의를 받다	ceive recei r a 호의를 _____

 미국에서는 승강기(엘리베이터)를 우리처럼 elevator라고 하고 영국에서는 ³⁵⁴lift라고 해요. 사람이 들어 올려지니까 그렇게 부르는 거예요. 이처럼 미국 영어와 영국 영어가 조금씩 다른 경우도 있어요.

A 그림을 보고 단어를 연상하여 빈칸에 알맞은 뜻을 쓰세요.

1 head   bend

_____   _____

drop

_____

lift   shake

_____   _____

2 favor   need

_____   _____

ask

_____

receive   expect

_____   _____

B 뜻을 읽고 단어의 짝을 맞추어 빈칸에 알맞은 영단어를 쓰세요.

1 머리를 숙이다   _____ one's head

2 머리를 떨구다   _____ one's head

3 머리를 들다   _____ one's _____

4 호의를 받다   _____ a _____

5 호의가 필요하다   _____ a favor

6 부탁하다   _____ a favor

7 호의를 기대하다   _____ a _____

8 머리를 흔든다   _____ one's _____

C 우리말에 알맞게 영어 문장을 완성하세요.

1 She n_____ed another _____ from him.
그녀는 그에게 또 다른 부탁을 했다(호의가 필요했다).

2 _____ your _____ up high.
머리를 위로 높이 올려라.

3 I wish to _____ you a _____.
부탁 드릴 것이 하나 있습니다.

4 He d_____ped his _____ and wiped away tears.
그는 머리를 떨구며 눈물을 닦아 냈다.

5 _____ your _____ when it's false.
그것이 틀렸으면 머리를 흔들어라.

6 I don't want to _____ any _____s.
나는 어떤 호의도 받고 싶지 않다.

7 Never _____ your _____.
고개를 절대 숙이지 마라.

8 He doesn't _____ any _____s from me.
그는 나에게 어떤 호의도 기대하지 않는다.

32~36과 다시 써 보기

A 다음 그림을 보고 빈칸을 채우세요. (우리말은 영어로, 영어는 우리말로 쓰세요.)

1   contest   international

_____   _____

International Speech Contest !

연설

_____

¹ 이기다   ² (상 등을) 타다   lose

_____

1 _____

2 _____

2   bottom   가라앉다

_____   _____

fall

_____

닿다, 만지다   reach

_____   _____

B 뜻을 읽고 단어의 짝을 맞추어 빈칸에 알맞은 영단어를 쓰세요.

1 어린 시절 경험   a _____ experience

2 독특한 경험   a _____ experience

3 직접적인 경험   a _____ _____

4 여행 경험   a _____ _____

5 국립 박물관   a _____ museum

6 박물관을 짓다   _____ a museum

7 박물관을 방문하다   _____ a _____

8 박물관 관광   a _____ _____

9 수업(교훈)을 가르치다   _____ a lesson

10 수업(교훈)을 기억하다   _____ a lesson

11 수업(교훈)을 배우다   _____ a _____

12 수업(교훈)을 잊어버리다   _____ a _____

13 먼지를 불다   _____ (the) dust

14 먼지를 쓸다   _____ (the) dust

15 먼지를 닦다   _____ (the) _____

16 먼지를 제거하다   _____ (the) _____

C 다음 그림을 보고 빈칸을 채우세요.

①

b _____ one's head
(머리를 숙이다)

d _____ one's hea _____
(머리를 떨구다)

l _____ one's h _____
(머리를 들어 올리다)

s _____ one's _____
(머리를 흔들다)

②

rec _____ a favor
(호의를 받다)

e _____ a fa _____
(호의를 기대하다)

n _____ a f _____
(호의가 필요하다)

a _____ a _____
(부탁하다)

D 주어진 단어를 참고해서 빈칸에 알맞은 단어를 쓰세요.

① The _____ didn't _____ with that.
(agree)
그 고객은 그것에 동의하지 않았다.

② It is important to _____ _____. (waste)
폐기물을 저장하는 것은 중요하다.

③ The _____ _____ the _____
carpet. (smooth / ordered)
그 고객이 부드러운 카펫을 주문했다.

④ The companies have to _____ _____.
(recycle)
회사들은 폐기물은 재활용해야 한다.

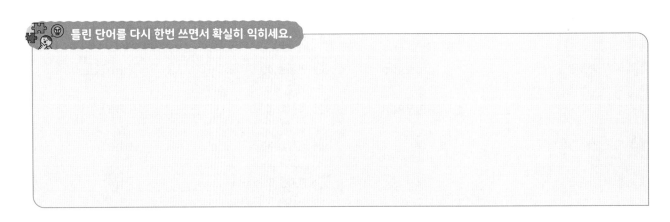

💡 틀린 단어를 다시 한번 쓰면서 확실히 익히세요.

37 Spread Wings!
날개를 펴라!

단어	뜻, 짝 단어	쓰기 연습 [윗줄에 단어, 아랫줄에 짝 단어와 뜻 쓰기]
361 **wave** [weiv]	몡 파도	ve wa w _____
362 **ocean** [óuʃn]	몡 바다, 대양 **ocean** waves 바다 파도	ean oce o waves _____ 파도
363 **rise** [raiz] rise - rose - risen	동 ¹일어나다 ²오르다 waves **rise** 파도가 일다	se ri w s r _____
364 **hit** [hit] hit - hit - hit	동 때리다 waves **hit** 파도가 때리다	t h w s h _____
365 **crash** [kræʃ]	동 부딪치다 몡 사고 waves **crash** 파도가 부딪치다	ash cra s c 파도가 _____
366 **wing** [wiŋ]	몡 날개	ng wi w _____
367 **feather** [féðər]	몡 깃털 a wing **feather** 날개 깃털	ather fea a wing f 날개 _____
368 **fold** [fould]	동 접다 **fold** wings 날개를 접다	ld fo f w s _____
369 **stretch** [stretʃ]	동 늘이다 **stretch** wings 날개를 늘이다	retch stret s w s _____
370 **spread** [spred]	동 펴다 **spread** wings 날개를 펴다	read spre s s 날개를 _____

 363 rise에는 '오르다' 라는 뜻이 있어요. The price of gas began to rise. 기름값이 오르기 시작했다.

101

A 그림을 보고 단어를 연상하여 빈칸에 알맞은 뜻을 쓰세요.

1   wave   ocean

_____   _____

crash   hit   rise

_____   _____   _____

2   wing   feather

_____   _____

spread

_____

fold   stretch

_____   _____

B 뜻을 읽고 단어의 짝을 맞추어 빈칸에 알맞은 영단어를 쓰세요.

1 바다 파도   _____ waves

2 파도가 일어나다   waves _____

3 파도가 때리다   _____ s _____

4 날개를 펴다   _____ _____ s

5 날개 깃털   a wing _____

6 날개를 접다   _____ wings

7 날개를 늘이다   _____ _____ s

8 파도가 부딪치다   _____ s _____

C 우리말에 알맞게 영어 문장을 완성하세요.

1 _____ _____ and fall.
파도가 일어났다가 떨어진다.

2 The bird has a blue _____ _____.
그 새는 파란 날개 깃털을 가지고 있다.

3 The _____ _____ed against the rocks.
파도가 바위에 부딪쳤다.

4 An earthquake can cause huge _____ _____s.
지진은 거대한 바다 파도를 일으킬 수 있다.

5 A bird _____ed its _____s and waited for bugs.
새가 날개를 집고 빌레를 기다렸다.

6 Terrible _____s _____ the boats.
끔찍한 파도가 보트를 쳤다.

7 The birds sp_____ their _____s and fly.
새들은 날개를 펴고 난다.

8 The eagle st_____ed out its _____s.
그 독수리는 날개를 늘렸다.

Don't Switch the Subject!

주제를 바꾸지 마라!

단어	뜻, 짝 단어	쓰기 연습 [윗줄에 단어, 아랫줄에 짝 단어와 뜻 쓰기]
371 **word** [wəːrd]	명 단어, 말	rd　　　wo
		w　　　　　　　　　_____, 말
372 **spell** [spel]	동 철자를 말하다 spell a word 단어의 철자를 말하다	ell　　　spe
		s　　a word　　단어의 _____
373 **repeat** [ripíːt]	동 반복하다 repeat a word 단어를 반복하다	peat　　　repe
		r　　a w　　　_____
374 **mean** [miːn]	동 의미하다 a word means 단어가 의미하다	an　　　me
		a w・m　　　_____
375 **understand** [ʌndərstǽnd]	동 이해하다 understand a word 단어를 이해하다	derstand　　underst
		u　　a　　단어를 _____
376 **subject** [sʌ́bdʒekt]	명 ¹주제 ²과목	ject　　　subje
		s　　　　_____, 과목
377 **treat** [triːt]	동 다루다 treat a subject 주제를 다루다	eat　　　tre
		t　　a subject　주제를 _____
378 **discuss** [diskʌ́s]	동 상의(논의)하다 discuss a subject 주제를 상의하다	cuss　　　dis
		d　　a s　　_____
379 **debate** [dibéit]	동 토론하다 debate a subject 주제를 토론하다	bate　　　deba
		d　　a s　　_____
380 **switch** [switʃ]	동 바꾸다 명 스위치 switch a subject 주제를 바꾸다.	itch　　　swit
		s　　a　　주제를 _____

 373 repeat(반복하다)에서도 '다시'를 의미하는 re가 앞에 들어가요. 집에서 스위치를 켰다 껐다 하지요? 바로 전원을 바꾸는 거예 요. 그래서 380 switch는 '스위치'라는 뜻도 있지만 '바꾸다'라는 뜻도 있어요.

A 그림을 보고 단어를 연상하여 빈칸에 알맞은 뜻을 쓰세요.

1 word   spell

_____   _____

repeat

_____

understand   mean

_____   _____

2 subject   treat

_____   _____

discuss

_____

switch   debate

_____   _____

B 뜻을 읽고 단어의 짝을 맞추어 빈칸에 알맞은 영단어를 쓰세요.

1 단어의 철자를 말하다   _____ a word

2 단어를 반복하다   _____ a word

3 단어가 의미하다   a _____ _____ s

4 주제를 바꾸다   _____ a _____

5 주제를 다루다   _____ a subject

6 주제를 상의하다   _____ a subject

7 주제를 토론하다   _____ a _____

8 단어를 이해하다   _____ a _____

C 우리말에 알맞게 영어 문장을 완성하세요.

1 Don't _____ the _____.
주제를 바꾸지 마라.

2 I don't know how to _____ the _____.
나는 그 주제를 어떻게 다룰지 모르겠다.

3 How do you _____ the _____?
그 단어의 철자가 어떻게 되나요?

4 What does the _____ _____?
그 단어는 무슨 의미입니까?

5 They don't _____ the _____ 'favor'.
그들은 'favor(호의)' 라는 단어를 이해하지 못한다.

6 We need to di_____ the _____.
우리는 그 주제를 상의할 필요가 있다.

7 _____ _____ s to remember them perfectly.
단어를 완벽하게 기억하려면 그것들을 반복해라.

8 It is important to de_____ the _____.
그 주제를 토론하는 것은 중요하다.

39 Wear Glasses!

안경을 써라!

단어	뜻, 짝 단어	쓰기 연습 [윗줄에 단어, 아랫줄에 짝 단어와 뜻 쓰기]
381 **wear** [wɛər]	통 (옷, 모자, 안경, 넥타이, 장갑 등을) 입다, 쓰다, 매다, 끼다	ar　　　we w　　　　　　　, 쓰다, 매다, 끼다
382 glasses [glǽsis]	명 안경 **wear glasses** 안경을 쓰다	asses　　　glass wear g　　　　　　쓰다
383 tie [tai]	명 넥타이　통 묶다 **wear a tie** 넥타이를 매다	e　　　　t w　　a t　　　　　매다
384 fur [fəːr]	명 털, 모피 **wear fur** 모피를 입다	r　　　f w　　f
385 trousers [tráuzərz]	명 (긴) 바지 **wear trousers** 바지를 입다	users　　　trous w　　　　　바지를
386 **fail** [feil]	통 실패하다	il　　　fa f
387 exam [igzǽm]	명 시험 **fail an exam** 시험에 실패하다(떨어지다)	am　　　ex fail an e　　　　　에 실패하다
388 business [bíznis]	명 사업 **fail in business** 사업에 실패하다	siness　　　busi f　　in b
389 again [əgén]	부 다시 **fail again** 다시 실패하다	ain　　　aga f　　a
390 totally [tóutəli] 파 **total** 형 전체의 명 합계	부 완전히 **fail totally** 완전히 실패하다	tally　　　tota t　　　　　실패하다

 382 glasses(안경)은 렌즈 알이 두 개라서 끝에 s를 붙이고, 385 trousers(바지)는 다리 부분이 두 개라서 끝에 s를 붙여요.
385 trousers는 주로 영국에서 쓰이고 미국에서는 대개 pants라고 해요.

그림을 보고 단어를 연상하여 빈칸에 알맞은 뜻을 쓰세요.

① wear   glasses

_____   _____

tie

_____

trousers   fur

_____   _____

② fail   exam

_____   _____

business

_____

totally   again

_____   _____

B **뜻을 읽고 단어의 짝을 맞추어 빈칸에 알맞은 영단어를 쓰세요.**

① 안경을 쓰다   wear _____

② 넥타이를 매다   wear a _____

③ 모피를 입다   _____ _____

④ 완전히 실패하다   _____ _____

⑤ 시험에 떨어지다   fail an _____

⑥ 사업에 실패하다   fail in _____

⑦ 다시 실패하다   _____ _____

⑧ 바지를 입다   _____ _____

C **우리말에 알맞게 영어 문장을 완성하세요.**

① I am afraid I shall _____ _____.
나는 다시 실패할까 봐 두렵다.

② She _____ed _____ to understand me.
그녀는 나를 이해하는데 완전히 실패했다.

③ I'm almost blind when I don't _____ _____.
나는 안경을 안 썼을 때 거의 장님이다.

④ I am afraid that I _____ the _____.
나는 시험에 떨어질까 봐 두렵다.

⑤ The twin girls liked to _____ _____.
그 쌍둥이 소녀들은 바지 입는 것을 좋아했다.

⑥ We don't need to _____ _____.
우리는 모피를 입을 필요가 없다.

⑦ His father _____ed in _____.
그의 아버지는 사업에 실패했다.

⑧ He dosen't like to _____ a _____.
그는 넥타이를 매는 것을 좋아하지 않는다.

단어	뜻, 짝 단어	쓰기 연습 [윗줄에 단어, 아랫줄에 짝 단어와 뜻 쓰기]
391 **explain** [ikspléin]	통 설명하다	plain　　expla e
392 **how** [hau]	부 어떻게 explain how ~ 어떻게 ~한지 설명하다	w　　h explain h　　~ _____ ~한지 설명하다
393 **reason** [ríːzn]	명 이유 explain the reason 이유를 설명하다	ason　　rea e　　the r _____ 설명하다
394 **detail** [díːteil]	명 세부 사항 explain in detail 세부 사항을 설명하다	tail　　det e　　in d
395 **well** [wel]	부 잘 explain well 잘 설명하다	ll　　we e _____ 설명하다
396 **find** [faind] find - found - found	통 찾다	nd　　fi f
397 **answer** [ǽnsər]	명 답, 대답　통 대답하다 find an answer 답을 찾다	swer　　answ find an a _____ 찾다
398 **way** [wei]	명 ¹방법 ²길 find a way 방법을 찾다	y　　w f　　a w
399 **joy** [dʒɔi]	명 기쁨 find joy 기쁨을 찾다	y　　j f　　j
400 **happiness** [hǽpinis]	명 행복 find happiness 행복을 찾다	ppiness　　happi h _____ 찾다

 형용사에 ness를 붙이면 명사가 되는 경우가 있어요. 400 happy 형 행복한 + ness = happiness 명 행복, kind 형 친절한+ ness = kindness 명 친절

1 explain   how

_____   _____

Explain in detail why you are crying.

reason

_____

well   detail

_____   _____

2 find   answer

_____   _____

I found the answer.

way

_____

happiness   joy

_____   _____

B 뜻을 읽고 단어의 짝을 맞추어 빈칸에 알맞은 영단어를 쓰세요.

1 어떻게 ~한지 설명하다 explain _____~

2 이유를 설명하다 explain the _____

3 세부 사항을 설명하다 _____ in _____

4 행복을 찾다 _____ _____

5 답을 찾다 find an _____

6 방법을 찾다 find a _____

7 기쁨을 찾다 _____ _____

8 잘 설명하다 _____ _____

C 우리말에 알맞게 영어 문장을 완성하세요.

1 Don't ask to _____ _____ any more.
더 잘 설명해 달라고 하지 마라.

2 Please _____ in _____.
세부 사항을 설명해 주세요.

3 He tries to _____ _____ in his life.
그는 인생에서 행복을 찾으려고 노력한다.

4 He _____s _____ in helping other people.
그는 다른 사람을 도우면서 기쁨을 찾는다.

5 I can not _____ the _____.
나는 그 답을 못 찾겠다.

6 I _____ a _____ to help my friend.
나는 친구를 도와줄 방법을 찾았다. (과거 동사)

7 Doctors _____ed the _____ of his pain.
의사들은 그가 왜 고통을 느끼는지 설명했다. (과거 동사)

8 He did not _____ _____ he learned the language.
그는 어떻게 그 언어를 배웠는지 설명하지 않았다.

41 Taking a Breath
숨쉬기

단어	뜻, 짝 단어	쓰기 연습 [윗줄에 단어, 아랫줄에 짝 단어와 뜻 쓰기]
401 **take** [teik] take - took - taken	통 ¹가져가다 ²먹다	ke　　ta　　　　　　　　 t　　　　　　　　　, 먹다
402 **walk** [wɔːk]	명 걸음 통 걷다 take a walk 산책하다	lk　　wa　　　　　　　　 take a w
403 **breath** [breθ]	명 숨 take a breath 숨쉬다	eath　　brea　　　　　 t　　a b
404 **shower** [ʃáuər]	명 ¹샤워 ²소나기 take a shower 샤워하다	ower　　sh　　　　　　 t　　a s
405 **medicine** [médəsən]	명 ¹약 ²의학 take (a) medicine 약을 복용하다	dicine　　medici　　 　　(a) m　　　　복용하다
406 **catch** [kætʃ] catch - caught - caught	통 ¹잡다 ²받다	tch　　cat　　　　　 c　　　　　　, 받다
407 **thief** [θiːf]	명 도둑 catch a thief 도둑을 잡다	ief　　thi　　　　　 catch a t　　　　잡다
408 **cold** [kould]	명 감기 형 추운 catch a cold 감기에 걸리다	ld　　co　　　　　 c　　a c
409 **fish** [fiʃ]	명 물고기 catch (a) fish 물고기를 잡다	sh　　fi　　　　　 c　　(a) f
410 **alive** [əláiv]	형 살아 있는 catch alive 생포하다	ive　　ali　　　　 　　a　　　　하다

 401 take는 뒤에 명사와 함께 쓰여 그 명사의 동작을 나타내요. ex) take a walk, 403 take a breath

405 medicine은 직접적인 치료를 위한 약이고, drug은 medicine을 포함해서 자연 식품, 화학 물질 등을 다 포함하는 좀 더 넓은 의미의 약을 말해요. 그래서 약국은 이것저것 다 파니까 drug store예요. drug은 마약의 의미도 있으니까 말할 때 조심하세요.

그림을 보고 단어를 연상하여 빈칸에 알맞은 뜻을 쓰세요.

1
take   walk

_____   _____

breath   shower   medicine

_____   _____   _____

2
catch   thief

_____   _____

alive   fish   cold

_____   _____   _____

B 뜻을 읽고 단어의 짝을 맞추어 빈칸에 알맞은 영단어를 쓰세요.

1 산책하다   take a _____

2 숨쉬다   take a _____

3 샤워하다   _____ a _____

4 생포하다   _____ _____

5 도둑을 잡다   catch a _____

6 감기에 걸리다   catch a _____

7 물고기를 잡다   _____ (a) _____

8 약을 복용하다   _____ (a) _____

C 우리말에 알맞게 영어 문장을 완성하세요.

1 _____ a _____ and you'll feel better.
샤워를 하면 기분이 나아질 것이다.

2 _____ this _____ three times a day.
이 약을 하루에 세 번 복용하세요.

3 Let's _____ a big _____ with a net.
그물로 큰 물고기를 잡자.

4 A police try to _____ a _____.
경찰은 도둑을 잡으려고 노력한다.

5 We have to _____ the fox _____.
우리는 그 여우를 생포해야 한다.

6 I _____ a _____ easily in winter.
나는 겨울에 쉽게 감기에 걸린다.

7 _____ a deep _____ and smile.
깊이 숨을 쉬고 웃으세요.

8 Let's _____ a _____ before the weather changes.
날씨가 바뀌기 전에 산책하자.

37~41과 다시 써 보기

A 다음 그림을 보고 빈칸을 채우세요. (우리말은 영어로, 영어는 우리말로 쓰세요.)

① wave   바다, 대양

_____   _____

② 입다, 쓰다, 매다, 끼다   안경

_____   _____

tie

명_____

동_____

crash   때리다   rise

동_____   _____   1 _____

명_____   2 _____

(긴) 바지   fur

_____   _____

B 뜻을 읽고 단어의 짝을 맞추어 빈칸에 알맞은 영단어를 쓰세요.

① 어떻게 ~한지 설명하다   explain _____ ~

② 이유를 설명하다   explain the _____

③ 세부 사항을 설명하다   _____ in _____

④ 잘 설명하다   _____ _____

⑤ 철자를 말하다   _____ a word

⑥ 단어를 반복하다   _____ a word

⑦ 단어가 의미하다   a _____ _____ s

⑧ 단어를 이해하다   _____ a _____

⑨ 답을 찾다   find an _____

⑩ 방법을 찾다   find a _____

⑪ 기쁨을 찾다   _____ _____

⑫ 행복을 찾다   _____ _____

⑬ 시험에 실패하다 (떨어지다)   fail an _____

⑭ 사업에 실패하다   fail in _____

⑮ 다시 실패하다   _____ _____

⑯ 완전히 실패하다   _____ _____

C 다음 그림을 보고 빈칸을 채우세요.

1

catch a _____
(감기에 걸리다)

cat_____ ali_____
(생포하다)

ca____ a____ t
(도둑을 잡다)

c_____ (a)_____
(물고기를 잡다)

2

a wing fea_____
(날개 깃털)

sp_____ _____
(날개를 펴다)

st_____ w_____
(날개를 늘이다)

f_____ wi_____
(날개를 접다)

D 주어진 단어를 참고해서 빈칸에 알맞은 단어를 쓰세요.

1 _____ _____ to _____ them perfectly. (words / remember)

단어를 완벽하게 기억하려면 그것을 반복해라.

3 I am afraid I shall _____ _____.
(fail)

나는 다시 실패할까 봐 두렵다.

2 We need to _____ the _____. (discuss)

우리는 그 주제를 상의할 필요가 있다.

4 _____ do you _____ the _____?
(word / how)

그 단어의 철자가 어떻게 되나요?

🧩 💡 **틀린 단어를 다시 한번 쓰면서 확실히 익히세요.**

42 Keep Calm.
침착해라.

단어	뜻, 짝 단어	쓰기 연습 [윗줄에 단어, 아랫줄에 짝 단어와 뜻 쓰기]
411 **keep** [kiːp] keep - kept - kept	동 ¹유지하다 ²지키다	ep　　　ke
		k　　　　　　, 지키다
412 **pace** [peis]	명 보폭, 속도 **keep pace** 보폭을 맞추다	ce　　　pa
		keep p　　　　　　맞추다
413 **distance** [dístəns]	명 거리 **keep distance** 거리를 유지하다 파 **distant** 형 거리가 먼	tance　　dista
		k　　d　　　　　　유지하다
414 **calm** [káːm]	명 침착함 형 침착한 **keep calm** 침착함을 유지하다	lm　　　ca
		k　　c
415 **balance** [bǽləns]	명 균형 **keep balance** 균형을 유지하다	lance　　balan
		b　　　　　　　유지하다
416 **make** [meik] make - made - made	동 ¹만들다 ²~하게 하다	ke　　　ma
		m　　　　　　, ~하게 하다
417 **sure** [ʃuər]	형 확실한 **make sure** 확실하게 하다	re　　　su
		make s
418 **choice** [tʃɔis]	명 선택 **make a choice** 선택하다	ice　　　cho
		m　　　a c
419 **error** [érər]	명 오류, 잘못 **make an error** 오류를 범하다	ror　　　err
		m　　　an e　　　　범하다
420 **mistake** [mistéik]	명 실수 동 오해하다 **make a mistake** 실수하다	take　　mis
		a m　　　　　　하다

 ⁴¹⁹ error와 ⁴²⁰ mistake는 비슷한 뜻이지만 약간 차이가 있어요. error는 그것이 잘못인지 모르면서 저지르는 잘못이고, mistake 는 자신도 그것이 잘못인 줄 알면서 하는 실수이지요.

그림을 보고 단어를 연상하여 빈칸에 알맞은 뜻을 쓰세요.

① keep   pace

_____   _____

② make   sure

_____   _____

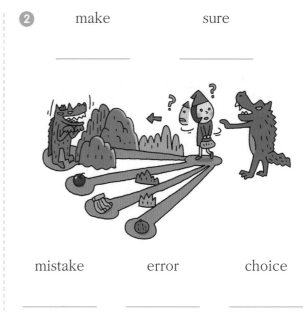

balance   calm   distance

_____   _____   _____

mistake   error   choice

_____   _____   _____

B **뜻을 읽고 단어의 짝을 맞추어 빈칸에 알맞은 영단어를 쓰세요.**

① 보폭을 맞추다   keep _____

② 거리를 유지하다   keep _____

③ 침착함을 유지하다   _____ _____

④ 실수하다   _____ a _____

⑤ 확실하게 하다   make _____

⑥ 선택하다   make a _____

⑦ 오류를 범하다   _____ an _____

⑧ 균형을 유지하다   _____ _____

C **우리말에 알맞게 영어 문장을 완성하세요.**

① I can't _____ _____ when I ride a bike.
나는 자전거를 탈 때 균형을 잘 잡지 못한다.

② _____ _____ whatever happens.
무슨 일이 일어나더라도 침착함을 유지해라.

③ It's hard to _____ _____ with adults.
어른들과 보폭을 유지하기 어렵다.

④ Don't be afraid to _____ a _____.
실수하는 것을 두려워하지 마라.

⑤ I _____ an _____ in spelling.
나는 철자에서 오류를 범했다.

⑥ _____ a _____ of a present you like.
네가 좋아하는 선물로 골라라.

⑦ _____ _____ to bring your present.
확실히 선물을 가져와라.

⑧ _____ your _____ from the car ahead.
앞 차와의 거리를 유지해라.

43 Sending an Email
이메일 보내기

단어	뜻, 짝 단어	쓰기 연습 [윗줄에 단어, 아랫줄에 짝 단어와 뜻 쓰기]
421 **pay** [pei] pay - paid - paid	동 지불하다. 내다	y p
422 **cash** [kæʃ]	명 현금 pay **cash** 현금을 지불하다	sh ca pay c _____ 을 지불하다
423 **bill** [bil]	명 청구서 pay **a** bill 청구서를 지불하다	ll bi p a b _____ 를 지불하다
424 **tax** [tæks]	명 세금 pay **a** tax 세금을 내다	x t p a t _____
425 **debt** [det]	명 빚 pay **a** debt 빚을 갚다	bt de a d _____ 갚다
426 **send** [send] send - sent - sent	동 보내다	nd se s _____
427 **email** [ímeil]	명 이메일 send **an** email 이메일을 보내다	ail em send an e _____ 보내다
428 **package** [pǽkidʒ]	명 소포 send **a** package 소포를 보내다	kage pac s a p _____ 소포를
429 **message** [mésidʒ]	명 메시지 send **a** message 메시지를 보내다	age mess s a m
430 **invitation** [invitéiʃən]	명 ¹초대장 ²초대 send **an** invitation 초대장을 보내다	tation invi an i _____ 보내다

흔히 식당이나 상점에서 ⁴²² Cash or card?라고 묻는데 현금을 낼 것인지 카드로 낼 것인지 묻는 표현이에요.

⁴²³ bill은 식당에서 주는 계산서의 의미인데, 이것은 주로 영국에서 사용되고 미국에서는 check라고 표현해요.

115

그림을 보고 단어를 연상하여 빈칸에 알맞은 뜻을 쓰세요.

1

pay _____ cash _____

bill _____

debt _____ tax _____

2

send _____ email _____

message _____

invitation _____ package _____

B **뜻을 읽고 단어의 짝을 맞추어 빈칸에 알맞은 영단어를 쓰세요.**

1 현금을 지불하다　pay _____

2 청구서를 지불하다　pay a _____

3 세금을 내다　_____ a _____

4 초대장을 보내다　_____ an _____

5 이메일을 보내다　send an _____

6 소포를 보내다　send a _____

7 메시지를 보내다　_____ a _____

8 빚을 갚다　_____ a _____

C **우리말에 알맞게 영어 문장을 완성하세요.**

1 You should _____ a _____.
너는 빚을 갚아야 한다.

2 He _____ me a _____ yesterday.
어제 그는 내게 소포를 보냈다. (과거 동사)

3 _____ me an _____ quickly.
나에게 빨리 이메일을 보내라.

4 If I _____ _____, can I get a discount?
현금으로 내면 할인 받을 수 있나요?

5 She forgot to _____ a _____.
그녀는 청구서를 지불하는 것을 잊어버렸다.

6 They _____ me an _____ by email.
그는 이메일로 초대장을 내게 보냈다. (과거 동사)

7 It is a national rule to _____ a _____.
세금을 내는 것은 국가의 규칙이다.

8 He _____ me a _____.
그는 내게 메시지를 보냈다. (과거 동사)

44 Let's Join Together.
함께 참여하자.

단어	뜻, 짝 단어	쓰기 연습 [윗줄에 단어, 아랫줄에 짝 단어와 뜻 쓰기]
431 **grow** [grou] grow - grew - grown	통 자라다, 성장하다	ow　　gr g　　　　　　　, 성장하다
432 **seem** [siːm]	통 ~인 것 같다 **seem to grow** 자라는 것 같다	em　　se s　　to grow　자라는 것 _____
433 **begin** [bigín]	통 시작하다 **begin to grow** 자라기 시작하다	gin　　be b　　to g　자라기 _____
434 **start** [staːrt]	통 시작하다, 출발하다 **start to grow** 자라기 시작하다	rt　　sta s　　to g　_____
435 **continue** [kəntínjuː]	통 계속하다 **continue to grow** 계속해서 자라나다	tinue　　conti c　　to　_____ 자라나다
436 **join** [dʒɔin]	통 함께하다, 합류하다	in　　jo j　　　　　_____, 합류하다
437 **wish** [wiʃ]	통 바라다, 소망하다 **wish to join** 함께하기를 바라다	sh　　wi w　　to join　함께하기를 _____
438 **decide** [disáid] 파 **decision** 명 결심	통 결심하다 **decide to join** 함께하기를 결심하다	cide　　de d　　to j　_____
439 **invite** [inváit]	통 초대하다 **invite** 누구 **to join** 함께하자고 누구를 초대하다	vite　　invi i　　to j　함께하자고 _____
440 **together** [təɡéðər]	부 함께 **join together** 함께 참여하다	gether　　toge t　　_____ 참여하다

초대하는 것은 안으로 들어오게 하는 것이죠? 그래서 '안'을 의미하는 in과 '어디에 오는 것'을 의미하는 vite가 합쳐져서 439 invite '초대하다'가 되었어요. 그리고 invite의 명사형은 430 invitation '초대장, 초대'예요.

A 그림을 보고 단어를 연상하여 빈칸에 알맞은 뜻을 쓰세요.

① grow   seem

_____   _____

begin

_____

continue   start

_____   _____

② join   wish

_____   _____

decide

_____

together   invite

_____   _____

B 뜻을 읽고 단어의 짝을 맞추어 빈칸에 알맞은 영단어를 쓰세요.

① 자라는 것 같다   _____ to grow

② 자라기 시작하다   b_____ to grow

③ 자라기 시작하다   s_____ to _____

④ 함께 참여하다   _____ _____

⑤ 함께하기를 바라다   _____ to join

⑥ 함께하기를 결심하다   _____ to join

⑦ 함께하자고 초대하다   _____ to _____

⑧ 계속해서 자라나다   _____ to _____

C 우리말에 알맞게 영어 문장을 완성하세요.

① I am happy that you _____ to _____ us.
나는 네가 우리와 함께하기로 결심해서 기쁘다.

② She _____d him to _____ the party.
그녀는 파티에 함께하자고 그를 초대했다.

③ The seeds will b_____ to _____.
그 씨앗은 자라기 시작할 것이다.

④ You have to hurry up if you _____ to _____.
함께하고 싶다면 서둘러야 한다.

⑤ He _____s to _____ overnight.
그는 밤새 자란 것 같다.

⑥ The bones of the child s_____ed to _____ fast.
그 아이의 뼈는 빨리 자라기 시작했다.

⑦ I am sure that we _____ _____.
나는 우리가 함께 참여하게 될 것을 확신한다.

⑧ He _____d to _____ as an artist.
그는 예술가로서 계속 성장했다.

45 Living Abroad
해외에서 살기

단어	뜻, 짝 단어	쓰기 연습 [윗줄에 단어, 아랫줄에 짝 단어와 뜻 쓰기]
441 **like** [laik]	동 좋아하다 전 ~처럼	ke　　li l　　　　　동 ＿＿＿＿＿
442 **especially** [ispéʃəli]	부 특히 **especially** like 특히 좋아하다	pecially　　especia e　　l　　＿＿＿＿ 좋아하다
443 **always** [ɔ́ːlweiz]	부 항상 **always** like 항상 좋아하다	ways　　alwa a　　l　　　＿＿＿＿＿
444 **still** [stil]	부 여전히 **still** like 여전히 좋아하다	ill　　sti s　　l　　　＿＿＿＿＿
445 **never** [névər]	부 결코 ~ 않다 **never** like 결코 좋아하지 않다	ver　　ne n　　＿＿＿ 좋아하지 ＿＿＿
446 **live** [liv]	동 살다	ve　　li l　　　　　　＿＿＿＿＿
447 **alone** [əlóun]	부 홀로 형 외로운 **live** alone 홀로 살다	one　　al live a　　　＿＿＿＿ 살다
448 **apart** [əpáːrt]	부 떨어져서 **live** apart 떨어져서 살다	art　　apa l　　a　　　＿＿＿＿ 살다
449 **abroad** [əbrɔ́ːd]	부 해외에 **live** abroad 해외에 살다	road　　abro l　　a　　　＿＿＿＿ 살다
450 **without** [wiðáut]	전 ~ 없이 **live** without ~ 없이 살다	thout　　with w　　　～＿＿＿ 살다

441 like에는 '~처럼' 이라는 뜻도 있어요. ex) She ran like wind. 그녀는 바람처럼 달렸다.
447 alone에는 '외로운' 이라는 뜻도 있어요. ex) I feel alone. 나는 외로움을 느낀다.

A 그림을 보고 단어를 연상하여 빈칸에 알맞은 뜻을 쓰세요.

1
like   especially

_____   _____

always

_____

never   still

_____   _____

2
live   alone

_____   _____

apart

_____

without   abroad

_____   _____

B 뜻을 읽고 단어의 짝을 맞추어 빈칸에 알맞은 영단어를 쓰세요.

1 특히 좋아하다   _____ like

2 항상 좋아하다   always _____

3 여전히 좋아하다   _____ _____

4 ~ 없이 살다   _____ _____

5 홀로 살다   live _____

6 떨어져서 살다   live _____

7 해외에서 살다   _____ _____

8 결코 좋아하지 않다   _____ _____

C 우리말에 알맞게 영어 문장을 완성하세요.

1 I _____ _____ to take an exam.
나는 시험 보는 것을 결코 좋아하지 않는다.

2 I _____ _____ to cook with vegetables.
나는 항상 야채로 요리하는 것을 좋아한다.

3 The foreign students _____ _____.
그 외국 학생들은 해외에 산다.

4 No man can _____ _____ food.
어떤 사람도 음식 없이는 살지 못한다.

5 I _____ _____ to travel abroad.
나는 특히 해외 여행하는 것을 좋아한다.

6 She _____ _____s friendly conversation.
그녀는 여전히 친근한 대화를 좋아한다.

7 They _____d _____ for a long time.
그들은 오랫동안 떨어져서 살았다.

8 I have never _____ abroad _____.
나는 혼자 외국에서 살아 본 적이 없다.

46 Stand Straight!

똑바로 서라!

단어	뜻, 짝 단어	쓰기 연습 [윗줄에 단어, 아랫줄에 짝 단어와 뜻 쓰기]		
451 **stand** [stænd] stand - stood - stood	동 서다, 서 있다, 일어서다	and	sta	
		s	, 서 있다, 일어나다	
452 straight [streit]	부 똑바로 stand straight 똑바로 서다	raight	strai	
		stand s	서다	
453 upright [ʌ́prait]	부 반듯이 stand upright 반듯이 서다	right	upri	
		s	u	
454 proudly [práudli]	부 자랑스럽게 stand proudly 자랑스럽게 서 있다	udly	pro	
		s	p	자랑스럽게
455 silently [sáiləntli]	부 말없이, 조용히 stand silently 말없이 서 있다.	lent	silen	
			s	서 있다
456 **knock** [nɑk]	동 노크하다, 치다 명 노크 소리	ock	kno	
		k	동 , 치다	
457 loudly [láudli]	부 큰소리로 knock loudly 큰소리 나게 노크하다	udly	loud	
		knock	노크하다	
458 lightly [láitli]	부 약하게, 가볍게 knock lightly 약하게(가볍게) 노크하다	ghtly	ligh	
		k	l	
459 quietly [kwáiətli]	부 조용히 knock quietly 조용히 노크하다	ietly	qui	
		k	q	조용히
460 politely [pəláitli]	부 정중하게, 예의 바르게 knock politely 정중하게 노크하다	itely	polite	
		p	노크하다	

 457 loudly와 비슷한 aloud(크게)는 read(읽다)나 think(생각하다)와 함께 쓰여서 머릿속에서 머무르지 않고 입 밖으로 표현되는 것을 말해요. ex) He read the book aloud. 그는 그 책을 소리 내어 읽었다.

A 그림을 보고 단어를 연상하여 빈칸에 알맞은 뜻을 쓰세요.

1   stand   straight

_____   _____

upright

_____

silently   proudly

_____   _____

2   knock   loudly

_____   _____

lightly

_____

quietly

_____

politely

_____

B 뜻을 읽고 단어의 짝을 맞추어 빈칸에 알맞은 영단어를 쓰세요.

1 똑바로 서다   stand _____

2 반듯이 서 있다   stand _____

3 자랑스럽게 서 있다   _____ _____

4 정중하게 노크하다   _____ _____

5 큰소리 나게 노크하다   knock _____

6 가볍게 노크하다   knock _____

7 조용히 노크하다   _____ _____

8 말없이 서 있다   _____ _____

C 우리말에 알맞게 영어 문장을 완성하세요.

1 She _____ _____ all day long.
그녀는 하루 종일 말없이 서 있었다. (과거 동사)

2 I will _____ _____ next time.
다음에는 조용히 노크하겠습니다.

3 _____ u _____ with your head up.
머리는 들고 반듯이 서라.

4 He _____ s _____ like a soldier.
그는 군인처럼 똑바로 서 있었다. (과거 동사)

5 Someone _____ed _____ at the door.
누군가가 문을 큰소리 나게 노크했다.

6 Tom _____s _____ on the global stage.
Tom은 세계 무대에서 자랑스럽게 서 있다.

7 He was _____ing _____ on her door.
그는 그녀의 문을 정중하게 노크하고 있었다.

8 You had better _____ _____.
가볍게(약하게) 노크하는 것이 좋다.

42~46과 다시 써 보기

A 다음 그림을 보고 빈칸을 채우세요. (우리말은 영어로, 영어는 우리말로 쓰세요.)

1 함께하다, 합류하다   wish

_____   _____

together   초대하다   결심하다

_____   _____   _____

2   keep   보폭, 속도

1 _____   _____

2 _____

균형   calm   distance

_____ 명_____ _____

형_____

B 뜻을 읽고 단어의 짝을 맞추어 빈칸에 알맞은 영단어를 쓰세요.

1 확실하게 하다   make _____

2 선택하다   make a _____

3 오류를 범하다   _____ an _____

4 실수하다   _____ a _____

5 특히 좋아하다   _____ like

6 항상 좋아하다   _____ like

7 여전히 좋아하다   _____ _____

8 결코 좋아하지 않다   _____ _____

9 홀로 살다   live _____

10 떨어져서 살다   live _____

11 해외에 살다   _____ _____

12 ~ 없이 살다   _____ _____

13 똑바로 서다   stand _____

14 반듯이 서다   stand _____

15 자랑스럽게 서 있다   _____ _____

16 말없이 서 있다   _____ _____

C 다음 그림을 보고 빈칸을 채우세요.

①

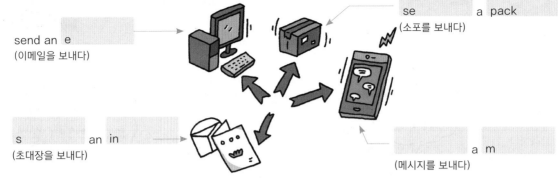

send an e_____
(이메일을 보내다)

se_____ a pack_____
(소포를 보내다)

s_____ an in_____
(초대장을 보내다)

_____ a m_____
(메시지를 보내다)

②

knock l_____
(큰소리 나게 노크하다)

kno_____ l_____
(가볍게 노크하다)

kn_____ q_____
(조용히 노크하다)

_____ po_____
(정중하게 노크하다)

D 주어진 단어를 참고해서 빈칸에 알맞은 단어를 쓰세요.

① You should _____ a _____. (pay)
너는 빚을 갚아야 한다.

② The seeds will _____ to _____. (begin)
그 씨앗은 자라기 시작할 것이다.

③ I _____ _____ to take an _____.
(like / exam)
나는 시험 보는 것을 결코 좋아하지 않는다.

④ I am _____ that we _____ _____.
(together / sure)
나는 우리가 함께 참여하게 될 것을 확신한다.

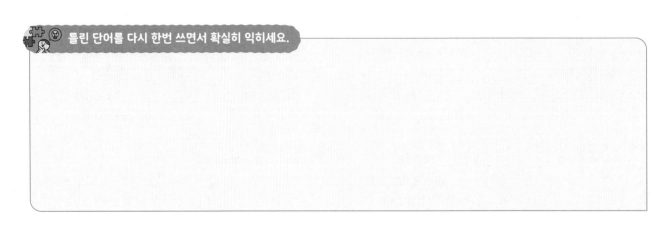

💡 틀린 단어를 다시 한번 쓰면서 확실히 익히세요.

47 Don't Drive Fast!

빨리 운전하지 마라!

단어	뜻, 짝 단어	쓰기 연습 [윗줄에 단어, 아랫줄에 짝 단어와 뜻 쓰기]	
461 **arrive** [əráiv]	통 도착하다	ive arri	
		a _____	
462 **early** [ə́:rl]	부 일찍 arrive **early** 일찍 도착하다	ly ear	
		arrive e _____ 도착하다	
463 **soon** [su:n]	부 곧 arrive **soon** 곧 도착하다	on so	
		a s _____	
464 **safely** [séifli]	부 안전하게 arrive **safely** 안전하게 도착하다	fely safe	
		a s _____ 안전하게 _____	
465 **finally** [fáinəli]	부 마침내 arrive **finally** 마침내 도착하다	nally fina	
		f _____ 도착하다	
466 **drive** [draiv] drive - drove - driven	통 운전하다	ve dri	
		d _____	
467 **drink** [driŋk]	통 (음료, 술 등을) 마시다 **drink** and **drive** 음주 운전하다	ink dri	
		d and drive _____ 운전하다	
468 **fast** [fǽst]	부 빨리 형 빠른 drive **fast** 빨리 운전하다	st fa	
		d f _____	
469 **quickly** [kwíkli]	부 재빠르게 drive **quickly** 재빠르게 운전하다	ckly quick	
		d q _____	
470 **away** [əwéi]	부 멀리, 떨어진 곳에 drive **away** 차를 몰고 멀리 떠나다	ay aw	
		a _____ 차를 몰고 _____	

 464 safely, 465 finally, 469 quickly는 모두 '형용사 + ly = 부사'의 형식이에요. 부사는 주로 '~하게'로 해석되고 명사를 제외한 모두(동사, 형용사, 부사, 문장 전체)를 꾸며 줘요.

그림을 보고 단어를 연상하여 빈칸에 알맞은 뜻을 쓰세요.

1   arrive   early

_____   _____

finally   safely   soon

_____   _____   _____

2   drive   drink

_____   _____

away   quickly   fast

_____   _____   _____

B 뜻을 읽고 단어의 짝을 맞추어 빈칸에 알맞은 영단어를 쓰세요.

1 일찍 도착하다   arrive _____

2 곧 도착하다   arrive _____

3 안전하게 도착하다   _____ _____

4 차를 몰고 멀리 떠나다   _____ _____

5 음주 운전하다   drink and _____

6 빨리 운전하다   drive _____

7 재빠르게 운전하다   _____ _____

8 마침내 도착하다   _____ _____

C 우리말에 알맞게 영어 문장을 완성하세요.

1 He hit my car and _____ _____.
그는 내 차를 박고서 멀리 도망쳤다. (과거 동사)

2 He will _____ _____ at the museum.
그는 박물관에 곧 도착할 것이다.

3 I believe that he _____ _____.
나는 그가 안전하게 도착할 것이라 믿는다.

4 Don't _____ too _____.
차를 너무 빠르게 운전하지 마라.

5 She _____ _____ back home.
그녀는 재빨리 집으로 운전해서 돌아왔다. (과거 동사)

6 She _____ d 10 minutes _____.
그녀는 10분 일찍 도착했다.

7 He _____ d _____ at the end of the world.
그는 마침내 세상의 끝에 도착했다.

8 It is dangerous to _____ and _____.
음주 운전하는 것은 위험하다.

단어	뜻, 짝 단어	쓰기 연습 [윗줄에 단어, 아랫줄에 짝 단어와 뜻 쓰기]
471 **race** [reis]	통 질주(경주)하다 명 ¹경주 ²인종	ce　　　ra r　　　　　　　　　　　통 ＿＿＿
472 **toward** [tɔːrd]	전 ~ 쪽으로, ~을 향하여 race **toward** ~ 쪽으로 질주(경주)하다	ward　　　to race t　　　　　　＿＿＿ 경주하다
473 **through** [θruː]	전 ~을 통과하여 race **through** ~을 통과하여 질주(경주)하다	rough　　　throu r　　t　　　　　　　＿＿＿
474 **into** [íntu]	전 ~안으로 race **into** ~ 안으로 질주(경주)하다	to　　　in r　　i　　　　　　　＿＿＿
475 **across** [əkrɔ́ːs]	전 ~을 가로질러 race **across** ~을 가로질러 질주(경주)하다	ross　　　acr a　　　　　　＿＿＿ 경주하다
476 **borrow** [bɑ́ːrou]	통 ¹빌리다 ²가져오다	rrow　　　borr b　　　　　　＿＿＿, 가져오다
477 **from** [frʌm]	전 ~로부터 borrow **from** ~로부터(~에게) 빌리다	om　　　fr borrow f　　　　　　＿＿＿ 빌리다
478 **idea** [aidíːə]	명 아이디어, 생각 borrow **ideas** 아이디어를 빌리다	ea　　　id b　　i
479 **heavily** [hévili] 파 **heavy** 형 무거운	부 아주 많이, 심하게 borrow **heavily** 아주 많이 빌리다	avily　　　heavi b　　h
480 **freely** [fríːli]	부 자유롭게 borrow **freely** 자유롭게 빌리다	eely　　　free f　　　　　　＿＿＿ 빌리다

 ⁴⁷⁶ borrow는 '빌리다'이고 lend는 '빌려 주다'이지요. ex) Can I borrow your phone? 전화기를 빌릴 수 있어? Ok, I'll lend you my phone. 좋아, 빌려 줄게.

⁴⁷⁹ heavily: 형용사에 'ly'를 붙이면 부사가 된다는 거 알고 있죠? 하지만 형용사가 'y'로 끝나면 'y'를 'i'로 바꾸고 'ly'를 붙여야 해요. ex) heavy → heavily

① race   toward

_____   _____

through

_____

across   into

_____   _____

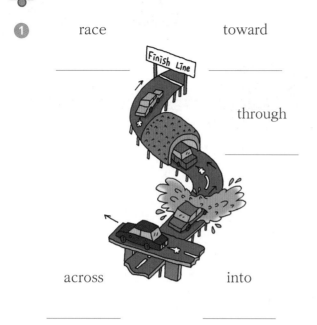

② borrow   from

_____   _____

idea

_____

freely   heavily

_____   _____

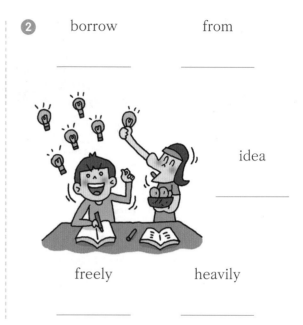

B 단어의 짝을 맞추어 빈칸에 알맞은 단어를 쓰세요.

① ~ 쪽으로 질주하다   race _____

② ~을 통과하여 질주하다   race _____

③ ~ 안으로 질주하다   _____ _____

④ 자유롭게 빌리다   _____ _____

⑤ ~에게 빌리다   borrow _____

⑥ 아이디어를 빌리다   borrow _____ s

⑦ 아주 많이 빌리다   _____ _____

⑧ ~을 가로질러 질주하다   _____ _____

C 우리말에 알맞게 영어 문장을 완성하세요.

① You can _____ the books _____.
너는 책을 자유롭게 빌릴 수 있다.

② The cars _____ d _____ the tunnel.
자동차들이 터널을 통과하여 질주했다.

③ Where did you _____ that _____?
어디에서 그 아이디어를 가져왔니?

④ We _____ d _____ the large field.
우리는 거대한 들판을 가로질러 질주했다.

⑤ The car _____ d _____ the bank to catch him.
자동차는 그를 잡기 위해 은행 쪽으로 질주했다.

⑥ I _____ ed _____ from the bank.
나는 은행으로부터 돈을 아주 많이 빌렸다.

⑦ The horses _____ d _____ the river.
말들이 강 속으로 뛰어 들었다.

⑧ I don't like to _____ _____ friends.
나는 친구들에게 돈을 빌리는 것을 좋아하지 않는다.

단어	뜻, 짝 단어	쓰기 연습 [윗줄에 단어, 아랫줄에 짝 단어와 뜻 쓰기]
481 **every** [évriː]	형 모든, 매	ery　　　eve　　　 e　　　　　　　　　　　, 매
482 **second** [sékənd]	명 ¹초, 순간 ²두 번째 every second 매초, 매 순간	cond　　　seco　　 every s　　　매초, 매
483 **minute** [mínit]	명 ¹분, ²순간 형 극히 작은 every minute 매분, 매 순간	nute　　　minu　　 e　　　m
484 **hour** [áuər]	명 시간 every hour 매시간	ur　　　ho　　　 e　　　h　　　　　　시간
485 **day** [dei]	명 ¹날, 하루 ²요일 ³낮 every day 매일, 날마다	y　　　d　　　 d　　　매
486 **feel** [fiːl] feel - felt - felt	동 느끼다	el　　　fe　　　 f
487 **thirsty** [θə́ːrsti]	형 목마른 feel thirsty 목마름을 느끼다	irsty　　　thirs　　 feel t　　　　　느끼다
488 **strange** [streindʒ]	형 이상한 feel strange 이상하게 느끼다	range　　　stra　　 f　　　s
489 **dizzy** [dízi]	형 어지러운 feel dizzy 어지러움을 느끼다	zzy　　　diz　　　 f　　　d
490 **sorry** [sɔ́ːri]	형 미안한, 안된 feel sorry 안되었다고 느끼다	rry　　　sor　　　 s　　　　　느끼다

⁴⁸⁵ every day와 everyday의 차이

every day: 매일, 날마다 ex) I got up early every day. 나는 매일 일찍 일어난다.

everyday: 매일의, 일상적인 ex) This is my everyday wear. 이것은 나의 일상복이다.

A 그림을 보고 단어를 연상하여 빈칸에 알맞은 뜻을 쓰세요.

1 every   second

_____   _____

minute

_____

day   hour

_____   _____

2 feel   thirsty

_____   _____

sorry   dizzy   strange

_____

B 뜻을 읽고 단어의 짝을 맞추어 빈칸에 알맞은 영단어를 쓰세요.

1 매초   every _____

2 매분   every _____

3 매시간   _____ _____

4 안되었다고 느끼다   _____ _____

5 목마름을 느끼다   feel _____

6 이상하게 느끼다   feel _____

7 어지러움을 느끼다   _____ _____

8 매일   _____ _____

C 우리말에 알맞게 영어 문장을 완성하세요.

1 I started to _____ _____.
나는 이상하게 느껴지기 시작했다.

2 _____ _____ seems like a thousand.
일 분 일 분이 천 분 같다. (일각이 여삼추.)

3 He spends two hours watching TV _____
_____.
그는 TV를 보는 데 매일 2시간을 보낸다.

4 Whenever I stand up, I _____ _____.
나는 일어날 때마다 어지러움을 느낀다.

5 There are trains _____ _____.
매시간 기차가 있다.

6 He often _____s _____ outside.
그는 야외에서 종종 갈증을 느낀다.

7 I _____ _____ for the people.
나는 그 사람들이 안되었다고 느낀다.

8 100 lightning strikes the Earth _____
_____.
매초마다 번개가 100번 지구를 친다.

50 I'm Just Afraid.

난 단지 두려워.

단어	뜻, 짝 단어	쓰기 연습 [윗줄에 단어, 아랫줄에 짝 단어와 뜻 쓰기]
491 **roll** [roul]	동 구르다 명 (둥글게 말은) 통, 둥근 빵	ll ro r 동 _____
492 **along** [əlɔ́ːŋ]	전 ~을 따라 roll along ~을 따라 구르다	ong alo roll a ~_____ 구르다
493 **forward** [fɔ́ːrwərd]	부 앞으로 roll forward 앞으로 구르다	ward for r f _____
494 **backward** [bǽkwərd]	부 뒤로 roll backward 뒤로 구르다	ward back r b _____
495 **down** [daun]	부 아래로 roll down 아래로 구르다	wn do d _____ 구르다
496 **afraid** [əfréid]	형 ¹두려워하는 ²걱정하는	raid afra a _____, 걱정하는
497 **just** [dʒʌst]	부 ¹단지 ²(정확히) 딱 just afraid 단지 두려운	st ju j afraid _____ 두려운
498 **almost** [ɔ́ːlmoust]	부 거의 almost afraid 거의 두려워하는	most almo a a _____
499 **suddenly** [sʌ́dnli]	부 갑자기 suddenly afraid 갑자기 두려워하는	ddenly sudd s a _____
500 **deeply** [díːpli]	부 깊이, 아주(너무) deeply afraid 깊이 두려워하는	eply deep d _____ 두려워하는

 ⁴⁷² toward(~ 쪽으로)는 전치사이고 뒤에 꼭 명사가 와야 하지만 ⁴⁹³ forward(앞으로)는 부사이기 때문에 뒤에 명사가 오지 않아요.
⁴⁹³ forward = for(앞) + ward(쪽으로), ⁴⁹⁴ backward = back(뒤) + ward(쪽으로)

A 그림을 보고 단어를 연상하여 빈칸에 알맞은 뜻을 쓰세요.

1

roll _____ along _____

forward _____ backward _____

down
_____

2

afraid _____ just _____

almost
_____

suddenly
_____

deeply
_____

B 뜻을 읽고 단어의 짝을 맞추어 빈칸에 알맞은 영단어를 쓰세요.

1 ~을 따라 구르다   roll _____

2 앞으로 구르다   roll _____

3 뒤로 구르다   _____ _____

4 깊이 두려워하는   _____ _____

5 단지 두려운   _____ afraid

6 거의 두려워하는   _____ afraid

7 갑자기 두려워하는   _____ _____

8 아래로 구르다   _____ _____

C 우리말에 알맞게 영어 문장을 완성하세요.

1 I'm _____ _____ he doesn't trust me.
나는 단지 그가 나를 믿지 않는 게 두려워.

2 The ball was _____ing _____ the road.
그 공은 길을 따라 굴러가고 있었다.

3 I'm _____ _____ to ask you something.
나는 너에게 무언가를 물어보는 것이 거의 두렵다.

4 She _____ed _____ the stairs.
그녀는 계단에서 아래로 굴렀다.

5 Time will continue to _____ _____.
시간은 계속해서 앞으로 흐를 것이다.

6 I couldn't sleep because I was _____ _____.
나는 너무 무서워서 잠을 잘 수가 없었다.

7 The car _____ed _____ in the accident.
사고로 차가 뒤쪽으로 굴렀다.

8 I am _____ _____ to say something.
나는 갑자기 무언가를 말하는 것이 두려웠다.

47~50과 다시 써 보기

A 다음 그림을 보고 빈칸을 채우세요. (우리말은 영어로, 영어는 우리말로 쓰세요.)

1
arrive   일찍

_____   _____

마침내   safely   곧

_____   _____   _____

2
질주하다   ~을 향하여

_____   _____

through

_____

~을 가로질러   into

_____   _____

B 뜻을 읽고 단어의 짝을 맞추어 빈칸에 알맞은 영단어를 쓰세요.

1 일찍 도착하다   arrive _____

2 곧 도착하다   arrive _____

3 안전하게 도착하다   _____ _____

4 마침내 도착하다   _____ _____

5 ~에게 빌리다   borrow _____

6 아이디어를 빌리다   borrow _____

7 아주 많이 빌리다   _____ _____

8 자유롭게 빌리다   _____ _____

9 ~을 따라 구르다   roll _____

10 앞으로 구르다   roll _____

11 뒤로 구르다   _____ _____

12 아래로 구르다   _____ _____

13 매초, 매 순간   every _____

14 매분, 매 순간   every _____

15 매시간   _____ _____

16 매일, 날마다   _____ _____

다음 그림을 보고 빈칸을 채우세요.

1

feel d
(어지러움을 느끼다)

f   t
(목마름을 느끼다)

fe   s
(안되었다고 느끼다)

(이상하게 느끼다)

2

j   afraid
(단지 두려운)

al   afr
(거의 두려워하는)

su   af
(갑자기 두려워하는)

(깊이 두려워하는)

D 주어진 단어를 참고해서 빈칸에 알맞은 단어를 쓰세요.

1 I don't like to _____ _____ friends.
(from)

나는 친구들에게 돈을 빌리는 것을 좋아하지 않는다.

2 He _____ my car and _____ _____.
(drove / hit)

그는 내 차를 박고서 멀리 도망쳤다.

3 I _____ _____ from the _____.
(borrowed / bank)

나는 은행으로부터 돈을 아주 많이 빌렸다.

4 It's dangerous to _____ and _____.
(drink)

음주 운전하는 것은 위험하다.

틀린 단어를 다시 한번 쓰면서 확실히 익히세요.

Sunday | 일요일

해(sun)에 바쳐진 날이야.

Monday | 월요일

달(moon)에 바쳐진 날이야.

Tuesday | 화요일

전쟁의 신 티르(Tyr)에서 유래된 말로 티르는 원래 신들의 우두머리였으나 오딘(Wodin)에게 그 자리를 양보하고 전쟁의 신이 돼.

Wednesday | 수요일

폭풍의 신 오딘(Wodin)에서 유래된 말로 북유럽 전설에서 가장 높은 절대 신이야.

Thursday | 목요일

천둥과 번개의 신 토르(Thor)에서 유래된 말로 토르는 오딘의 아들이야. '묠니르'라는 강력한 무기를 가지고 다녀.

Friday | 금요일

사랑의 여신 프리그(Frigg)에서 유래된 말로 프리그는 오딘의 아내야. 그녀는 여신 중에서 가장 지위가 높아.

Saturday | 토요일

농경의 신 사투르누스(Saturnus)에서 유래된 말로 사투르누스는 수염이 긴 노인의 모습을 하고 있어. 토성인 새턴(Saturn)이라는 이름도 사투르누스에서 유래된 거야.

Sunday

Sun ☐☐☐   Sun ☐☐☐   ☐☐☐ day   ☐☐☐ day

S _____   _____   _____   _____

Monday

Mon ☐☐☐   Mon ☐☐☐   ☐☐☐ day   ☐☐☐ day

M _____   _____   _____   _____

Tuesday

Tues ☐☐☐   Tues ☐☐☐   ☐☐☐☐ day   ☐☐☐☐ day

T _____   _____   _____   _____

Wednesday

Wed ☐☐☐ day   Wed ☐☐☐ day   ☐☐☐ nesday   ☐☐☐☐☐ day

W _____   _____   _____   _____

Thursday

Thu ☐☐ day   Thu ☐☐ day   ☐☐☐ rsday   ☐☐☐☐☐ day

T _____   _____   _____   _____

Friday

Fri ☐☐☐   Fri ☐☐☐   ☐☐☐ day   ☐☐☐ day

F _____   _____   _____   _____

Saturday

Sa ☐☐☐ day   Sa ☐☐☐ day   ☐☐ turday   ☐☐☐☐☐ day

S _____   _____   _____   _____

January | 1월
문(door)의 신 야누스(Janus)

Janus는 하늘의 문지기로 한 해를 시작한다는 의미가 있어. 얼굴이 앞뒤로 있는 것이 특징이야.

February | 2월
정화하는 의식(Februa)

'정화, 깨끗함'이라는 뜻의 라틴어 Februa에서 유래되었어. 고대 로마에서는 지금의 2월이 1년의 마지막 달이었기 때문에 신년을 맞이하기 전에 더러운 것을 깨끗하게 한다는 의미가 있어.

March | 3월
전쟁의 신(Mars)

전쟁과 정복을 가장 중요시한 고대 로마 제국은 봄이 시작되는 3월에 전쟁을 준비했어.

April | 4월
만물이 열리다(Aperire)

대부분 식물은 4월에 잎사귀와 꽃봉오리가 피어나기 시작하지.

May | 5월
풍요와 성장의 여신(Maia)

꽃과 나무가 풍성해 지는 달이 5월이지.

June | 6월
결혼과 출산의 여신(Juno)

로마 최대의 여신인 Juno의 이름에서 유래됐어. Juno는 그리스의 Hera(헤라)에 해당해.

July | 7월
줄리어스 시저(Julius Caesar)

로마의 지도자 줄리어스 시저가 자신의 이름을 남기고자 자신의 이름을 집어넣었어.

August | 8월
아우구스투스 시저(Augustus Caesar)

로마의 최초 황제 아우구스투스 시저의 이름 Augustus에서 유래된 말이야. 아우구스투스는 줄리어스 시저의 후계자이자 조카로 줄리어스 시저처럼 자신의 이름을 남기길 원했어.

September | 9월
숫자 7(septem)

숫자 7을 의미하는 라틴어 septem에서 유래된 말로 원래는 7월인데 두 시저(Caesar)가 자신들의 이름을 딴 두 개의 달을 추가로 넣어서 2개월 밀려났어. 9월에서 12월까지는 라틴어 숫자가 달 이름으로 사용되고 있어.

October | 10월
숫자 8(octo)

숫자 8을 의미하는 라틴어 octo에서 유래된 말로 원래는 8월인데 2개월 밀려났어.
octopus(문어)에서 pus는 발이란 뜻이고 octopus(문어)라는 영어 단어는 발이 8개라 붙여진 이름이야.

November | 11월
숫자 9(novem)

숫자 9를 의미하는 라틴어 novem에서 유래된 말로 원래는 9월인데 2개월 밀려났어.

December | 12월
숫자 10(decem)

숫자 10을 의미하는 라틴어 decem에서 유래된 말로 원래는 10월인데 2개월 밀려났어.
영어 단어 중에서 decimal(10진법의)과 decade(10년)는 10이라는 뜻을 담고 있어.

January		Janu	ary	J	_____
February		Febru	ary	F	_____
March		Mar	ch	M	_____
April		Ap	ril	A	_____
May		Ma	y	M	_____
June		Ju	ne	J	_____
July		Ju	ly	J	_____
August		Au	gust	A	_____
September		Septem	ber	S	_____
October		Octo	ber	O	_____
November		Novem	ber	N	_____
December		Decem	ber	D	_____

짝 단어로 끝내는

바빠 초등 영단어

바쁜 친구들이 즐거워지는
빠른 학습법

5·6 학년용

정답

각 단원 〈쓰기 연습〉의 해답은 해당 페이지 속 왼쪽 단어와 뜻으로 확인하세요.

A (풀이 순서: 위에서부터 시계 방향으로)

① 직업, 일 / 꿈 / 지루한 / 사무실 / 흥미 있는, 재미있는
② 아이 / 사랑스러운 / 문제 / 십대의 / 영리한, 밝은

B

① dream
② interesting
③ office job
④ problem child
⑤ lovely
⑥ bright
⑦ teenage child
⑧ boring job

C

① lovely child
② boring job
③ problem child
④ dream job
⑤ bright child
⑥ interesting job
⑦ office job
⑧ teenage child

A

① 계절 / 건조한, 마른 / 비가 많이 오는 / 독감 / 수확, 수확하다
② 일기 / 영어, 영어의 / 온라인의 / 그림, 사진 / 비밀, 비밀의

B

① dry
② rainy
③ harvest season
④ secret diary
⑤ English
⑥ online
⑦ picture diary
⑧ flu season

C

① dry season
② secret diary
③ online diary
④ flu season
⑤ picture diary
⑥ rainy season
⑦ harvest season
⑧ English diary

A

① 바닥, (건물의) 층 / 부엌 / 젖은 / 욕실, 화장실 / 나무, 목재
② 이야기, (건물의) 층 / 진짜의 / 환상적인 / 흥미진진한 / 웃기는

B

① kitchen
② wood
③ bathroom floor
④ funny story
⑤ true
⑥ fantastic
⑦ exciting story
⑧ wet floor

C

① wet floor
② bathroom floor
③ exciting story
④ wood floor
⑤ funny story
⑥ fantastic story
⑦ true story
⑧ kitchen floor

A

① 건강 / 완벽한, 완전한 / 아주 나쁜, 가난한 / 나쁜, 아픈 / 아주 좋은, 훌륭한
② 발 / 아주 작은 / 평평한 / 벌거벗은, 맨- / 냄새 나는

B

① perfect
② excellent
③ ill heath
④ smelly foot
⑤ tiny
⑥ flat
⑦ bare foot
⑧ poor health

C

① tiny feet
② ill health
③ bare feet
④ poor health
⑤ perfect health
⑥ smelly feet
⑦ flat feet
⑧ excellent health

A

❶ 두뇌 / 세포, 감방 / 활동 / 질병 / 죽음, 사망
❷ 공간, 우주 / 좁은 / 충분한 / 빈 / (글자가 없는) 빈

B

❶ cell
❷ activity
❸ brain illness
❹ blank space
❺ narrow
❻ enough
❼ empty space
❽ brain death

C

❶ enough space
❷ brain activity
❸ Brain death
❹ blank space
❺ empty space
❻ brain illness
❼ narrow space
❽ brain cell

A

❶ 이불 / 무거운, 많은 / 두꺼운 / 따뜻한 / 전기의
❷ 수업, 학급, 반 / 같은 / 과학 / 역사 / 수학

B

❶ heavy
❷ thick
❸ warm blanket
❹ mathematics class
❺ same
❻ science
❼ history class
❽ electric blanket

C

❶ thick blanket
❷ history class
❸ science class
❹ electric blanket
❺ mathematics class
❻ warm blanket
❼ heavy blanket
❽ same class

A (풀이 순서: 위에서부터 시계 방향으로)

❶ child / 사랑스러운 / 문제 / 십대의 / bright
❷ 발 / tiny / 평평한 / bare / 냄새 나는

B

❶ dream
❷ interesting
❸ office job
❹ boring job
❺ true
❻ fantastic
❼ exciting story
❽ funny story
❾ cell
❿ activity
⓫ brain illness
⓬ brain death
⓭ same
⓮ science
⓯ history class
⓰ mathematics class

C (풀이 순서: 윗줄 왼쪽에서 오른쪽 → 아랫쪽에서 오른쪽)

❶ 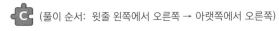 a dry season (건기)

a rainy season (우기)

a harvest season (수확기)

a flu season (독감 계절)

❷  a kitchen floor (부엌 바닥)

a bathroom floor (욕실 바닥)

a wood floor (나무 바닥)

a wet floor (젖은 바닥)

D

❶ warm blanket
❷ English diary
❸ enough space, cars
❹ My father, excellent health

A

① 접시, 요리 / 주된, 가장 큰 / (가장) 좋아하는 / 맛있는 / (아주) 맛있는

② 사람들 / 마을 / 눈먼, 장님의 / 귀가 먹은, 귀머거리의 / 아주 멋진

B

① main
② favorite
③ tasty dish
④ wonderful people
⑤ village
⑥ blind
⑦ deaf people
⑧ delicious dish

C

① wonderful people
② Deaf people
③ village people
④ favorite dish
⑤ main dish
⑥ tasty dish
⑦ delicious dish
⑧ Blind people

A

① 일, 작품, 일하다, 공부하다 / 힘든, 딱딱한, 열심히 / 어려운 / 위험한 / 더러운

② 예술가 / 창의적인 / 살아 있는 / 유명한 / 성공한

B

① hard
② difficult
③ dangerous work
④ successful artist
⑤ creative
⑥ living
⑦ famous artist
⑧ dirty work

C

① famous artist
② successful artist
③ living artist
④ difficult work
⑤ dangerous work
⑥ hard work
⑦ creative artist
⑧ dirty work

A

① 피부, (동물의) 껍질 / 부드러운 / 우유 같은, 우유로 만든 / 어두운 / 기름기가 많은

② 주, 일주일 / 지난, 과거 / 다음의 / 전체의 / 바쁜

B

① dark
② oily
③ milky skin
④ busy week
⑤ past
⑥ next
⑦ whole week
⑧ smooth skin

C

① next week
② busy week
③ oily skin
④ past week
⑤ dark skin
⑥ whole week
⑦ milky skin
⑧ smooth skin

A

① 아픔, 쑤심 / 위, 배 / 배 / 마음, 심장 / 근육

② 악기, 기구 / 현대의, 근대의 / 줄, 끈 / 전통적인 / 놋쇠, 황동

B

① stomach
② belly
③ heartache
④ string instrument
⑤ traditional
⑥ brass
⑦ modern instrument
⑧ muscle ache

C

① stomachache
② string instrument
③ muscle ache
④ traditional instrument
⑤ modern instrument
⑥ heartache
⑦ brass instrument
⑧ bellyache

A

1. 언어 / 첫 번째의, 최초의 것 / 죽은 / 알려지지 않은 / 외국의
2. 운동, 연습 문제, 운동하다 / 매일의, 매일 일어나는 / 아침 / 규칙적인, 정기적인 / 야외의

B

1. first
2. foreign
3. unknown language
4. outdoor exercise
5. daily
6. morning
7. regular exercise
8. dead language

C

1. Morning exercise
2. Daily exercise
3. foreign language
4. first language
5. unknown language
6. Outdoor exercise
7. Regular exercise
8. dead language

A

1. skin / smooth / milky / 어두운 / 기름기가 많은
2. 사람들 / village / 눈먼, 장님의 / 귀가 먹은, 귀머거리의 / wonderful

B

1. main
2. favorite
3. tasty dish
4. delicious dish
5. creative
6. living
7. famous artist
8. successful artist
9. stomach
10. belly
11. heartache
12. muscle ache
13. daily
14. morning
15. regular exercise
16. outdoor exercise

C

1. hard work (힘든 일)

   difficult work (어려운 일)

   dirty work (더러운 일)

   dangerous work (위험한 일)

2. a traditional instrument (전통 악기)

   a modern instrument (현대 악기)

   a brass instrument (금관 악기)

   a sting instrument (현악기)

D

1. unknown languages
2. whole week
3. played, traditional instrument
4. dead language

143

12 42쪽

A
① 판사, 심사 위원 / 공정한, 박람회 / 미, 미인, 아름다움 / 군대 / 법정
② 이야기 / 놀라운 / 재미있는, 유머러스한 / 마술의 / 영웅적인

B
① court
② army
③ beauty judge
④ humorous tale
⑤ heroic
⑥ magical
⑦ amazing tale
⑧ fair judge

C
① fair judge
② magical tale
③ court judge
④ amazing tale
⑤ humorous tale
⑥ heroic tale
⑦ beauty judge
⑧ army judge

13 44쪽

A
① 세계, 세상 / 자연의 / 식물, (식물을) 심다 / 인구 / 무역
② 예, 모범 / 흔한, 보통의 / 훌륭한, 대단한 / 역사적, 역사의 / 친숙한

B
① natural
② plant
③ world population
④ great example
⑤ common
⑥ familiar
⑦ historical example
⑧ world trade

C
① great example
② plant world
③ historical example
④ natural world
⑤ common example
⑥ Familiar examples
⑦ world trade
⑧ world population

14 46쪽

A
① 자국, 표시, 표시하다 / 할퀸 상처, 할퀴다 / 십자, 가로질러 건너다 / 이, 이빨 / 탄(덴) 자국, 불에 타다
② 싸움, 싸우다 / 용감한 / 거친 / 격렬한 / 진짜의, 현실의

B
① burn
② scratch
③ tooth mark
④ real fight
⑤ brave
⑥ tough
⑦ bitter fight
⑧ cross mark

C
① scratch mark
② bitter fight
③ teeth marks
④ real fight
⑤ cross mark
⑥ burn mark
⑦ brave fight
⑧ tough fight

15 48쪽

A
① 성격, 특징, 등장인물 / 온화한, 부드러운 / 사악한, 악한 / 강한 / 좋은, 선한
② 결정 / 바보 같은, 어리석은 / 잘못된, 틀린 / 옳은, 오른쪽의 / 현명한

B
① gentle
② good
③ evil character
④ wrong decision
⑤ right
⑥ wise
⑦ foolish decision
⑧ strong character

C
① strong character
② foolish decision
③ wrong decision
④ good character
⑤ gentle character
⑥ evil character
⑦ wise decision
⑧ right decision

A

❶ 장소, 놓다 / 끔찍한, 무시무시한 / 높은, 높게 / 평화로운 / 편안한

❷ 소설 / 명작의, 최고의, 고전, 명작 / 특별한 / 알아보기 쉬운, 분명한 / 단순한

B

❶ comfortable
❷ peaceful
❸ high place
❹ simple novel
❺ classic
❻ special
❼ clear novel
❽ horrible place

C

❶ horrible place
❷ simple novel
❸ clear novel
❹ special novel
❺ peaceful places
❻ high place
❼ comfortable place
❽ classic novel

A

❶ ¹예, ²모범 / ¹흔한, ²보통의 / 훌륭한, 대단한 / historical / familiar

❷ fight / brave / 거친 / 격렬한 / real

B

❶ heroic
❷ magical
❸ amazing tale
❹ humorous tale
❺ burn
❻ scratch
❼ tooth mark
❽ cross mark
❾ trade
❿ natural
⑪ plant world
⑫ world population
⑬ right
⑭ wise
⑮ foolish decision
⑯ wrong decision

C

❶ an army judge (군 판사)

　a beauty judge (미인 대회 심사 위원)

　a court judge (법정 판사)

　a fair judge (공정한 판사)

❷ a gentle character (온화한 성격)

　an evil character (사악한 성격)

　a good character (좋은(선한) 성격)

　a strong character (강한 성격)

D

❶ world, horrible place
❷ sofa, comfortable place
❸ classic novel
❹ common, special novel

17

54쪽

A

❶ 의견 / 개인의 / 정직한 / 다수의 / 공공의
❷ 문화 / 대중의, 인기 있는 / 거리 / 청년, 젊은이 / 오래된, 늙은, 나이가 ~인

B

❶ personal
❷ honest
❸ major opinion
❹ popular culture
❺ old
❻ street
❼ youth culture
❽ public opinion

C

❶ Youth culture
❷ street culture
❸ personal opinion
❹ major opinion
❺ public opinion
❻ honest opinion
❼ old culture
❽ popular culture

18

56쪽

A

❶ 반, 절반 / 잠이 든 / 가격 / 달러 / 년, 해
❷ 평균, 평균의 / ~ 이하의, ~ 아래로 / 비용, 값 / 품질 / 점수, 득점

B

❶ asleep
❷ price
❸ half dollar
❹ average score
❺ below
❻ cost
❼ average quality
❽ half year

C

❶ average quality
❷ half price
❸ average score
❹ half year
❺ half asleep
❻ average cost
❼ half dollar
❽ below average

19

58쪽

A

❶ 희망, 희망하다 / 유일한, 단지 / 마지막의, 지난 / 진심의 / 잘못된, 거짓의
❷ 문제 / 사적인 / 중요한 / (또) 다른 / (모양이나 성격이) 다른

B

❶ only
❷ last
❸ sincere hope
❹ different matter
❺ private
❻ important
❼ other matter
❽ false hope

C

❶ false hope
❷ only hope
❸ private matter
❹ last hope
❺ important matter
❻ other matter
❼ sincere hope
❽ different matter

20

60쪽

A

❶ 조언, 충고 / 도움이 되는 / 유용한 / 현명한 / 실용적인
❷ 한 개, 한 조각 / 뉴스, 소식 / 가구 / 천 / 과일

B

❶ helpful
❷ useful
❸ clever advice
❹ piece of furniture
❺ news
❻ fruit
❼ piece of cloth
❽ practical advice

C

❶ piece, furniture
❷ clever advice
❸ piece, fruit
❹ helpful advice
❺ useful advice
❻ piece, news
❼ practical advice
❽ piece, cloth

A

① 거위 / 황금의 / 야생의, 거친 / 날다 / (동물에게) 먹이를 주다
② 곤충, 벌레 / 해로운 / 물다, 물기 / 공격하다 / 기어가다

B

① golden
② wild
③ feed, goose
④ insects bite
⑤ harmful
⑥ crawl
⑦ insects attack
⑧ geese fly

C

① wild goose
② feeds, goose
③ Insects, attacking
④ Insects bite
⑤ Geese fly
⑥ Insects, crawling
⑦ Golden Goose
⑧ harmful insect

 A

① advice / 도움이 되는 / useful / 현명한 / practical
② average / ~ 이하의, ~ 아래로 / 비용, 값 / quality / 점수, 득점

B

① personal
② honest
③ major opinion
④ public opinion
⑤ asleep
⑥ price
⑦ half dollar
⑧ half year
⑨ only
⑩ last
⑪ sincere hope
⑫ false hope
⑬ private
⑭ important
⑮ other matter
⑯ different matter

C

① a piece of news (한 건의 뉴스)

　 a piece of furniture (가구 한 점)

　 a piece of cloth (천 한 조각)

　 a piece of fruit (과일 한 조각)

② old culture (오래된 문화)

　 street culture (거리 문화)

　 popular culture (대중 문화)

　 youth culture (청년 문화)

D

① Insects, attacking, bare
② Golden Goose, classic
③ Insects bite, smelly feet
④ feeds, goose

22
66쪽

A

❶ 딸 / 어린, 작은, 조금 / 성인, 어른 / 기르다, 들어 올리다 / 쌍둥이
❷ 방학 / 계획, 계획하다/ ~ 동안 / 즐기다 / 보내다, (돈을) 쓰다

B

❶ little
❷ twin
❸ raise, daughter
❹ spend vacation
❺ plan
❻ during
❼ enjoy vacation
❽ adult daughter

C

❶ spend, vacation
❷ during vacation
❸ little daughter
❹ vacation plan
❺ adult daughter
❻ raise daughters
❼ enjoy, vacation
❽ twin daughters

23
68쪽

A

❶ 피, 혈통 / 순수한 / 왕족의, 왕의 / 형태, 종류 / 흐르다
❷ 이웃 / 가까운, 가까이 / 시끄러운 / 깨우다, 깨다 / 불평하다

B

❶ pure
❷ royal
❸ blood type
❹ neighbors complain
❺ near
❻ noisy
❼ wake neighbors
❽ blood flows

C

❶ blood type
❷ neighbors complained
❸ noisy neighbor
❹ pure blood
❺ wake, neighbors
❻ blood flows
❼ Royal blood
❽ Near neighbor

24
70쪽

A

❶ 날씨, 기상 / 상태 / 확인, 확인하다 / 발표, 보고, 발표하다 / 예보, 예보하다
❷ 승객 / 기다리다 / 탑승하다, 널빤지 / 통과하다, 통과 / 타다

B

❶ condition
❷ check
❸ weather report
❹ passengers ride
❺ wait
❻ board
❼ passengers pass
❽ weather forcast

C

❶ checked, weather
❷ weather forecast
❸ passengers pass
❹ weather conditions
❺ passengers ride
❻ Passengers boarded
❼ weather report
❽ Passengers, waiting

25
72쪽

A

❶ 대학 / 들어가다 / 생활 / 과정 / 도서관
❷ 대화, 말하다 / 친근한 / 끝내다 / 피하다 / 활기(생기) 넘치는

B

❶ enter
❷ life
❸ college course
❹ finish talk
❺ friendly
❻ lively
❼ avoid talking
❽ college library

C

❶ college life
❷ friendly talk
❸ college library
❹ avoided talking
❺ finish, talk
❻ enter, college
❼ lively talk
❽ college course

A

① 남편 / 미래의, 미래 / 이상적인 / 만나다 / 결혼하다
② 채소, 야채 / 정원 / 더하다, 넣다 / 신선한 / 뿌리

B

① future
② ideal
③ meet, husband
④ add vegetables
⑤ garden
⑥ root
⑦ fresh vegetables
⑧ marry, husband

C

① add vegetables
② vegetable garden
③ marry, husband
④ met, husband
⑤ ideal husband
⑥ future husband
⑦ fresh vegetables
⑧ Root vegetables

A

① blood / 순수한 / royal / type / 흐르다
② vacation / 몡 계획, 통 계획하다 / ~ 동안 / 즐기다 / spend

B

① friendly
② lively
③ avoid talking
④ finish talk
⑤ future
⑥ ideal
⑦ meet, husband
⑧ marry, husband
⑨ garden
⑩ root
⑪ fresh vegetables
⑫ add vegetables
⑬ near
⑭ noisy
⑮ wake neighbors
⑯ neighbors complain

C

① enter a college (대학에 들어가다)

college life (대학 생활)

a college library (대학 도서관)

a college course (대학 과정)

② a little daughter (어린 딸)

twin daughters (쌍둥이 딸)

raise a daughter (딸을 기르다)

an adult daughter (성인 딸)

D

① Passengers boarded, special
② checked, weather
③ passengers pass, airport
④ weather conditions

27 78쪽

A

① 양배추 / 잎 / 자르다, 썰다 / 끓이다, 끓다 / 요리하다, 요리사
② 수집(품), 소장품 / 동전 / 얻다 / 자신의, 소유하다 / 보여 주다

B

① leaf
② chop
③ boil cabbage
④ show, collection
⑤ coin
⑥ get
⑦ own collection
⑧ cook cabbage

C

① coin collection
② Boil cabbage
③ cabbage leaf
④ show, collection
⑤ Cook cabbage
⑥ own collection
⑦ get, collection
⑧ chop, cabbage

28 80쪽

A

① 가위 / 날카로운 / 사용하다 / 손톱, 발톱, 못 / 자르다
② 국가, 시골 / 이끌다 / 통치하다, 규칙 / 보호하다, 지키다 / 구하다, (돈을) 모으다

B

① sharp
② use
③ nail scissors
④ save, country
⑤ lead
⑥ rule
⑦ protect, country
⑧ cut, scissors

C

① use, scissors
② saved, country
③ protects, country
④ nail scissors
⑤ ruled, country
⑥ lead, country
⑦ sharp scissors
⑧ cut, scissors

29 82쪽

A

① 발목 / 다치다 / 통증, 아픔 / 삐다, 비틀다 / 부러지다, 깨지다
② 선물, 현재, 현재의 / 가져오다 / 교환하다 / 최악의, 가장 나쁜 / 비싼

B

① hurt
② pain
③ twist, ankle
④ worst present
⑤ bring
⑥ exchange
⑦ expensive present
⑧ break, ankle

C

① exchanged, presents
② Bring, present
③ hurt, ankle
④ expensive present
⑤ broke, ankle
⑥ pain, ankle
⑦ worst present
⑧ twisted, ankle

30 84쪽

A

① 지구, 땅, 흙 / 행성 / ~ 위에, 위에 / 움직이다 / ~ 주위를 돌아, 대략
② 사고, 사건, 우연 / 교통 / 발생하다, 일어나다 / 심각한 / 끔찍한

B

① planet
② above
③ earth moves
④ terrible accident
⑤ traffic
⑥ happens
⑦ serious accident
⑧ around, earth

C

① accident happened
② serious accident
③ planet Earth
④ traffic accident
⑤ earth moves
⑥ around, earth
⑦ terrible accident
⑧ above, earth

31 (86쪽)

A

① 변화, 바꾸다 / 지구의, 세계적인 / 기후 / 온도, 기온 / 반갑지 않은
② 경기, 시합, 어울리다 / (경기를) 하다, 놀다 / 지켜보다, 주의하다 / ~와 맞선, ~에 대항하여 / ~ 사이에

B

① global
② climate
③ temperature change
④ match between
⑤ play
⑥ watch
⑦ match against
⑧ unwelcome change

C

① match between
② match against
③ watch, match
④ temperature change
⑤ Global change
⑥ Climate change
⑦ unwelcome change
⑧ play, match

총정리 06 (87~88쪽)

A

① bring / ¹선물, ²현재 / exchange / 최악의, 가장 나쁜 / 비싼
② cabbage / leaf / 끓이다, 끓다 / 동 요리하다, 명 요리사 / chop

B

① coin
② get
③ own collection
④ show, collection
⑤ planet
⑥ above
⑦ earth moves
⑧ around, earth
⑨ traffic
⑩ happens
⑪ serious accident
⑫ terrible accident
⑬ global
⑭ climate
⑮ temperature change
⑯ unwelcome change

C

① cut | with | scissors | (가위로 자르다)

sharp | scissors (날카로운 가위)

nail | scissors | (손톱 가위)

use | scissors | (가위를 사용하다)

② watch | a | match | (경기를 지켜보다)

play | a match (경기를 하다)

the | match | against | (~와 맞선 경기)

a | match | between | (~ 사이의 경기)

D

① ruled, country
② Boil cabbage
③ hurt, ankle during vacation
④ pain, ankle, terrible

32 90쪽

A
1. 고객 / 질문 / 주문하다, 주문 / 동의하다 / 정보
2. 경험 / 어린 시절 / 독특한 / 직접적인 / 여행, 여행하다

B
1. question
2. orders
3. customer, agrees
4. travel experience
5. childhood
6. unique
7. direct experience
8. customer information

C
1. childhood experiences
2. travel experience
3. unique experience
4. customer ordered
5. customer questions
6. customer information
7. customer, agree
8. direct experience

33 92쪽

A
1. 박물관 / 국가의 / 짓다, 건설하다 / 방문하다 / 관광, 여행
2. 대회, 시합 / 국제적인 / 연설 / 지다, 잃어버리다 / 이기다, (상 등을) 타다

B
1. national
2. build
3. visit, museum
4. lose, contest
5. international
6. speech
7. win, contest
8. museum tour

C
1. build, museum
2. lose, contest
3. international contest
4. national museum
5. win, contest
6. visit, museum
7. speech contest
8. museum tour

34 94쪽

A
1. 폐기물, 쓰레기, 낭비하다 / 가정 / 생산하다 / 저장하다, 가게 / 재활용하다
2. 수업, 교훈, 과 / 가르치다 / 기억하다 / 배우다 / 잊어버리다

B
1. household
2. produce
3. store waste
4. forget, lesson
5. teach
6. remember
7. learn, lesson
8. recycle waste

C
1. remember, lesson
2. teaches lesson
3. recycle waste
4. store waste
5. learn, lessons
6. forget lessons
7. produce waste
8. household waste

35 96쪽

A
1. 먼지 / (바람이 / 입으로) 불다 / 쓸다 / 닦다 / 제거하다
2. 바닥, 맨 아래 / 가라앉다 / 떨어지다 / 도착하다 / 닿다, 만지다

B
1. blow
2. sweep
3. wipe, dust
4. touch, bottom
5. sink
6. fall
7. reach, bottom
8. remove, dust

C
1. Wipe, dust
2. fell, bottom
3. sink, bottom
4. sweep, dust
5. reach, bottom
6. remove, dust
7. Blow, dust
8. touch, bottom

07   99~100쪽

 A

① 머리 / 숙이다, 구부리다 / 떨어뜨리다 / 흔들다, 흔들리다 / 들어 올리다, 승강기

② 호의, 친절, 부탁 / 필요하다 / 요청하다, 질문하다 / 기대하다 / 받다

B

① bend	⑤ need
② drop	⑥ ask
③ lift, head	⑦ expect, favor
④ receive, favor	⑧ shake, head

C

① needed, favor	⑤ Shake, head
② Lift, head	⑥ receive, favors
③ ask, favor	⑦ bend, head
④ dropped, head	⑧ expect, favors

A

① 대회, 시합 / 국제적인 / speech / [1]지다, [2]잃어버리다 / win

② 바닥, 맨 아래 / sink / 떨어지다 / 도착하다 / touch

 B

① childhood	⑨ teach
② unique	⑩ remember
③ direct experience	⑪ learn, lesson
④ travel experience	⑫ forget, lesson
⑤ national	⑬ blow
⑥ build	⑭ sweep
⑦ visit, museum	⑮ wipe, dust
⑧ museum tour	⑯ remove, dust

C

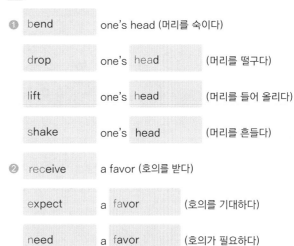

① bend   one's head (머리를 숙이다)

    drop   one's head (머리를 떨구다)

    lift   one's head (머리를 들어 올리다)

    shake   one's head (머리를 흔들다)

② receive   a favor (호의를 받다)

    expect   a favor (호의를 기대하다)

    need   a favor (호의가 필요하다)

    ask   a favor (부탁하다)

 D

① customer, agree   ③ customer ordered, smooth

② store waste   ④ recycle waste

37 102쪽

A

❶ 파도 / 바다, 대양 / 일어나다, 오르다 / 때리다 / 부딪치다, 사고
❷ 날개 / 깃털 / 펴다 / 늘이다 / 접다

B

❶ ocean
❷ rise
❸ waves hit
❹ spread wings
❺ feather
❻ fold
❼ stretch wings
❽ waves crash

C

❶ Waves rise
❷ wing feather
❸ waves crashed
❹ ocean waves
❺ folded, wings
❻ waves hit
❼ spread, wings
❽ stretched, wings

38 104쪽

A

❶ 단어, 말 / 철자를 말하다 / 반복하다 / 의미하다 / 이해하다
❷ 주제, 과목 / 다루다 / 상의(논의)하다 / 토론하다 / 바꾸다, 스위치

B

❶ spell
❷ repeat
❸ word means
❹ switch, subject
❺ treat
❻ discuss
❼ debate, subject
❽ understand, word

C

❶ switch, subject
❷ treat, subject
❸ spell, word
❹ word mean
❺ understand, word
❻ discuss, subject
❼ Repeat words
❽ debate, subject

39 106쪽

A

❶ 입다, 쓰다, 매다, 끼다 / 안경 / 넥타이, 묶다 / 털, 모피 / (긴) 바지
❷ 실패하다 / 시험 / 사업 / 다시 / 완전히

B

❶ glasses
❷ tie
❸ wear fur
❹ fail totally
❺ exam
❻ business
❼ fail again
❽ wear trousers

C

❶ fail again
❷ failed totally
❸ wear glasses
❹ fail, exam
❺ wear trousers
❻ wear fur
❼ failed, business
❽ wear, tie

40 108쪽

A

❶ 설명하다 / 어떻게 / 이유 / 세부 사항 / 잘
❷ 찾다 / 답, 대답, 대답하다 / 방법, 길 / 기쁨 / 행복

B

❶ how
❷ reason
❸ explain, detail
❹ find happiness
❺ answer
❻ way
❼ find joy
❽ explain well

C

❶ explain well
❷ explain, detail
❸ find happiness
❹ finds joy
❺ find, answer
❻ found, way
❼ explained, reason
❽ explain how

41 — 110쪽

A

① 가져가다, 먹다 / 걸음, 걷다 / 약, 의학 / 샤워, 소나기 / 숨

② 잡다, 받다 / 도둑 / 감기, 추운 / 물고기 / 살아 있는

B

① walk
② breath
③ take, shower
④ catch alive
⑤ thief
⑥ cold
⑦ catch, fish
⑧ take, medicine

C

① Take, shower
② Take, medicine
③ catch, fish
④ catch, thief
⑤ catch, alive
⑥ catch, cold
⑦ Take, breath
⑧ take, walk

총정리 08 — 111~112쪽

A

① 파도 / ocean / ¹일어나다, ²오르다 / hit / 통 부딪치다, 명 사고

② wear / glasses / 명 넥타이, 통 묶다 / 털, 모피 / trousers

B

① how
② reason
③ explain, detail
④ explain well
⑤ spell
⑥ repeat
⑦ word means
⑧ understand, word
⑨ answer
⑩ way
⑪ find joy
⑫ find happiness
⑬ exam
⑭ business
⑮ fail again
⑯ fail totally

C

① catch a cold (감기에 걸리다)

   catch alive (생포하다)

   catch a thief (도둑을 잡다)

   catch (a) fish (물고기를 잡다)

② a wing feather (날개 깃털)

   spread wings (날개를 펴다)

   stretch wings (날개를 늘이다)

   fold wings (날개를 접다)

D

① Repeat words, remember
② discuss, subject
③ fail again
④ How, spell, word

42   114쪽

A

① 유지하다, 지키다 / 보폭, 속도 / 거리 / 침착함, 침착한 / 균형
② 만들다, ~하게 하다 / 확실한 / 선택 / 오류, 잘못 / 실수, 오해하다

B

① pace
② distance
③ keep calm
④ make, mistake
⑤ sure
⑥ choice
⑦ make, error
⑧ keep balance

C

① keep balance
② Keep calm
③ keep pace
④ make, mistake
⑤ make, error
⑥ Make, choice
⑦ Make sure
⑧ Keep, distance

43   116쪽

A

① 지불하다, 내다 / 현금 / 청구서 / 세금 / 빚
② 보내다 / 이메일 / 메시지 / 소포 / 초대장, 초대

B

① cash
② bill
③ pay, tax
④ send, invitation
⑤ email
⑥ package
⑦ send, message
⑧ pay, debt

C

① pay, debt
② sent, package
③ Send, email
④ pay cash
⑤ pay, bill
⑥ sent, invitation
⑦ pay, tax
⑧ sent, message

44   118쪽

A

① 자라다, 성장하다 / ~인 것 같다 / 시작하다 / 시작하다, 출발하다 / 계속하다
② 함께하다, 합류하다 / 바라다, 소망하다 / 결심하다 / 초대하다 / 함께

B

① seem
② begin
③ start, grow
④ join together
⑤ wish
⑥ decide
⑦ invite, join
⑧ continue, grow

C

① decide, join
② invited, join
③ begin, grow
④ wish, join
⑤ seems, grow
⑥ started, grow
⑦ join together
⑧ continued, grow

45   120쪽

A

① 좋아하다, ~처럼 / 특히 / 항상 / 여전히 / 결코 ~ 않다
② 살다 / 홀로, 외로운 / 떨어져서 / 해외에 / ~ 없이

B

① especially
② like
③ still like
④ live without
⑤ alone
⑥ apart
⑦ live aboard
⑧ never like

C

① never like
② always like
③ live abroad
④ live without
⑤ especially like
⑥ still likes
⑦ lived apart
⑧ lived, alone

46 122쪽

A

① 서다, 서 있다, 일어서다 / 똑바로 / 반듯이 / 자랑스럽게 / 말없이, 조용히

② 노크하다, 치다, 노크 소리 / 큰소리로 / 약하게, 가볍게 / 조용히 / 정중하게, 예의 바르게

B

① straight
② upright
③ stand proudly
④ knock politely
⑤ loudly
⑥ lightly
⑦ knock quietly
⑧ stand silently

C

① stood silently
② knock quietly
③ Stand upright
④ stood straight
⑤ knocked loudly
⑥ stands proudly
⑦ knocking, politely
⑧ knock lightly

총정리 09 123~124쪽

A

① join / 바라다, 소망하다 / decide / invite / 함께

② ¹유지하다, ²지키다 / pace / 거리 / 명 침착함, 형 침착한 / balance

B

① sure
② choice
③ make, error
④ make, mistake
⑤ especially
⑥ always
⑦ still like
⑧ never like
⑨ alone
⑩ apart
⑪ live abroad
⑫ live without
⑬ straight
⑭ upright
⑮ stand proudly
⑯ stand silently

C

① send an email   (이메일을 보내다)

send a package   (소포를 보내다)

send an invitation   (초대장을 보내다)

send a message   (메시지를 보내다)

② knock loudly   (큰소리 나게 노크하다)

knock lightly   (가볍게 노크하다)

knock quietly   (조용히 노크하다)

knock politely   (정중하게 노크하다)

D

① pay, debt
② begin, grow
③ never like, exam
④ sure, join together

157

47 126쪽

A
① 도착하다 / 일찍 / 곧 / 안전하게 / 마침내
② 운전하다 / (음료, 술 등을) 마시다 / 빨리, 빠른 / 재빠르게 / 멀리, 떨어진 곳에

B
① early
② soon
③ arrive safely
④ drive away
⑤ drive
⑥ fast
⑦ drive quickly
⑧ arrive finally

C
① drove away
② arrive soon
③ arrive safely
④ drive, fast
⑤ drove quickly
⑥ arrived, early
⑦ arrived finally
⑧ drink, drive

48 128쪽

A
① 질주하다, 경주하다, 경주, 인종 / ~ 쪽으로, ~을 향하여 / ~을 통과하여 / ~ 안으로 / ~을 가로질러
② 빌리다, 가져오다 / ~로부터 / 아이디어, 생각 / 아주 많이, 심하게 / 자유롭게

B
① toward
② through
③ race into
④ borrow freely
⑤ from
⑥ ideas
⑦ borrow heavily
⑧ race across

C
① borrow, freely
② raced through
③ borrow, idea
④ raced across
⑤ raced toward
⑥ borrowed heavily
⑦ raced into
⑧ borrow from

49 130쪽

A
① 모든, 매 / 초, 순간, 두 번째 / 분, 순간, 극히 작은 / 시간 / 날, 하루, 요일, 낮
② 느끼다 / 목마른 / 이상한 / 어지러운 / 미안한, 안된

B
① second
② minute
③ every hour
④ feel sorry
⑤ thirsty
⑥ strange
⑦ feel dizzy
⑧ every day

C
① feel strange
② Every minute
③ every day
④ feel dizzy
⑤ every hour
⑥ feels thirsty
⑦ feel sorry
⑧ every second

50 132쪽

A
① 구르다, 통, 둥근 빵 / ~을 따라 / 뒤로 / 앞으로 / 아래로
② 두려워하는, 걱정하는 / 단지, (정확히) 딱 / 거의 / 갑자기 / 깊이, 아주(너무)

B
① along
② forward
③ roll backward
④ deeply afraid
⑤ just
⑥ almost
⑦ suddenly afraid
⑧ roll down

C
① just afraid
② rolling along
③ almost afraid
④ rolled down
⑤ roll forward
⑥ deeply afraid
⑦ rolled backward
⑧ suddenly afraid

A

① 도착하다 / early / soon / 안전하게 / finally
② race / toward / ~을 통과하여 / ~ 안으로 / across

B

① early
② soon
③ arrive safely
④ arrive finally
⑤ from
⑥ ideas
⑦ borrow heavily
⑧ borrow freely
⑨ along
⑩ forward
⑪ roll backward
⑫ roll down
⑬ second
⑭ minute
⑮ every hour
⑯ every day

C

① feel　dizzy　(어지러움을 느끼다)

feel	sorry	(안되었다고 느끼다)
feel	thirsty	(목마름을 느끼다)
feel	strange	(이상하게 느끼다)

② just　afraid (단지 두려운)

almost	afraid	(거의 두려워하는)
suddenly	afraid	(갑자기 두려워하는)
deeply	afraid	(깊이 두려워하는)

D

① borrow from
② hit, drove away
③ borrowed heavily, bank
④ drink, drive

※ 부록 〈Let's write!〉의 해답도 왼쪽에 제시된 단어로 확인하세요.

틀린 단어를 다시 한번 쓰면서 확실히 익히세요.

접이접이 영단어 쓰기 노트

하나, 접어서 쉽게 답을 확인할 수 있어요!
둘, 틀린 단어만 오답 노트 칸에 정리하니 효과적!

앞면 — 스스로 시험 보기 | 우리말 뜻 쓰기

1 한 페이지의 반을 접고, 또 반을 접은 다음 펼치세요.

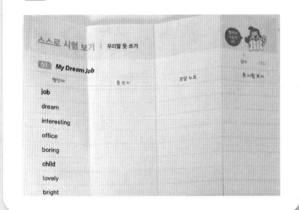

2 영단어의 뜻을 써 보세요. 뜻이 생각나지 않으면 접어서 답(뜻)을 확인하면서 외우세요.

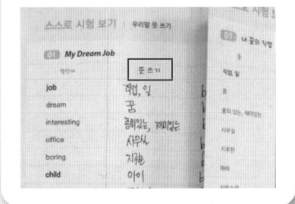

3 다 외우면, 아래처럼 접어 '뜻 시험 보기'를 하세요.

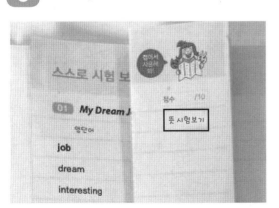

4 종이를 펼쳐서 채점한 후, '오답 노트' 칸에 틀린 단어와 뜻만 다시 쓰세요!

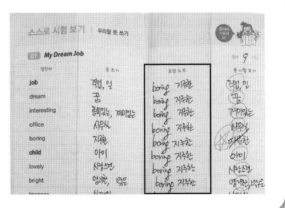

한 장씩 뜯어서 사용할 때는 앞면 사용법과 같습니다. 책을 뜯지 않고 사용할 때는 아래와 같이 사용하세요!

1 뜻에 알맞은 영단어를 '영단어 쓰기' 칸에 쓰세요.

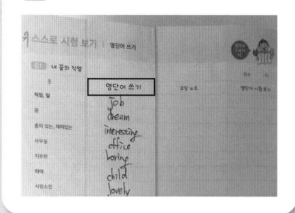

2 영단어가 생각나지 않으면 다음과 같이 접은 다음 앞면에서 답(영단어)을 확인하세요!

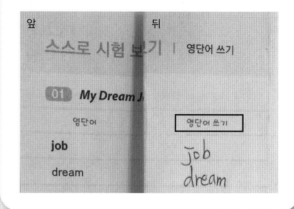

3 다 외우면, 아래처럼 접어 '영단어 시험 보기'를 하세요.

4 종이를 펼쳐서 채점한 후, '오답 노트' 칸에 틀린 단어와 뜻만 다시 쓰세요!

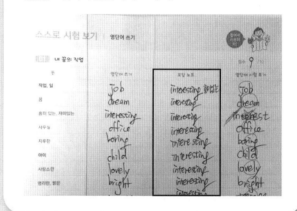

이렇게 공부하면
나만의 특별한 〈영단어 노트〉가 완성됩니다!
〈바빠 영단어〉 공부를 모두 마친 후에는,
오답 노트 위주로
틀린 단어만 다시 살펴보세요!
그럼 적은 시간을 공부해도
그 효과는 오래 지속될 거예요~

01 *My Dream Job* 점수 /10

영단어	뜻 쓰기	오답 노트	뜻 시험 보기
job			
dream			
interesting			
office			
boring			
child			
lovely			
bright			
teenage			
problem			

02 *A Rainy Season* 점수 /10

영단어	뜻 쓰기	오답 노트	뜻 시험 보기
season			
dry			
rainy			
harvest			
flu			
diary			
English			
online			
picture			
secret			

접어서
확인해
봐!

01　내 꿈의 직업

점수　　/10

뜻	영단어 쓰기	오답 노트	영단어 시험 보기
직업, 일			
꿈			
흥미 있는, 재미있는			
사무실			
지루한			
아이			
사랑스러운			
영리한, 밝은			
십대의			
문제			

02　우기

점수　　/10

뜻	영단어 쓰기	오답 노트	영단어 시험 보기
계절			
건조한, 마른			
비가 많이 오는			
수확, 수확하다			
독감			
일기			
영어, 영어의			
온라인의			
그림, 사진			
비밀, 비밀의			

03 A Funny Story

점수 /10

영단어	뜻 쓰기	오답 노트	뜻 시험 보기
floor			
kitchen			
wood			
bathroom			
wet			
story			
true			
fantastic			
exciting			
funny			

04 Smelly Feet

점수 /10

영단어	뜻 쓰기	오답 노트	뜻 시험 보기
health			
perfect			
excellent			
ill			
poor			
foot			
tiny			
flat			
bare			
smelly			

접어서
확인해
봐!

03 웃기는 이야기

점수 /10

뜻	영단어 쓰기	오답 노트	영단어 시험 보기
바닥, (건물의) 층			
부엌			
나무, 목재			
욕실, 화장실			
젖은			
이야기, (건물의) 층			
진짜의			
환상적인			
흥미진진한			
웃기는			

04 냄새 나는 발

점수 /10

뜻	영단어 쓰기	오답 노트	영단어 시험 보기
건강			
완벽한, 완전한			
아주 좋은, 훌륭한			
나쁜, 아픈			
아주 나쁜, 가난한			
발			
아주 작은			
평평한			
벌거벗은, 맨-			
냄새 나는			

접어서
확인해
봐!

05 A Narrow Space

점수   /10

영단어	뜻 쓰기	오답 노트	뜻 시험 보기
brain			
cell			
activity			
illness			
death			
space			
narrow			
enough			
empty			
blank			

06 A Science Class

점수   /10

영단어	뜻 쓰기	오답 노트	뜻 시험 보기
blanket			
heavy			
thick			
warm			
electric			
class			
same			
science			
history			
mathematics			

7

05 좁은 공간 　점수 ___/10

뜻	영단어 쓰기	오답 노트	영단어 시험 보기
두뇌			
세포, 감방			
활동			
질병			
죽음, 사망			
공간, 우주			
좁은			
충분한			
빈			
(글자가 없는) 빈			

06 과학 수업 　점수 ___/10

뜻	영단어 쓰기	오답 노트	영단어 시험 보기
이불			
무거운, 많은			
두꺼운			
따뜻한			
전기의			
수업, 학급, 반			
같은			
과학			
역사			
수학			

07 A Favorite Dish

점수 　/10

영단어	뜻 쓰기	오답 노트	뜻 시험 보기
dish			
main			
favorite			
tasty			
delicious			
people			
village			
blind			
deaf			
wonderful			

절취선 ✂

08 A Famous Artist

점수 　/10

영단어	뜻 쓰기	오답 노트	뜻 시험 보기
work			
hard			
difficult			
dangerous			
dirty			
artist			
creative			
living			
famous			
successful			

07 좋아하는 요리

점수 /10

뜻	영단어 쓰기	오답 노트	영단어 시험 보기
접시, 요리			
주된, 가장 큰			
(가장) 좋아하는			
맛있는			
(아주) 맛있는			
사람들			
마을			
눈먼, 장님의			
귀가 먹은, 귀머거리의			
아주 멋진			

08 유명한 예술가

점수 /10

뜻	영단어 쓰기	오답 노트	영단어 시험 보기
일, 작품, 일(공부)하다			
힘든, 딱딱한, 열심히			
어려운			
위험한			
더러운			
예술가			
창의적인			
살아 있는			
유명한			
성공한			

접어서 확인해 봐!

09 *Milky Skin*

점수 /10

영단어	뜻 쓰기	오답 노트	뜻 시험 보기
skin			
dark			
oily			
milky			
smooth			
week			
past			
next			
whole			
busy			

절취선

10 *Bellyache*

점수 /10

영단어	뜻 쓰기	오답 노트	뜻 시험 보기
ache			
stomach			
belly			
heart			
muscle			
instrument			
traditional			
brass			
modern			
string			

11

09 우윳빛 피부

점수 /10

뜻	영단어 쓰기	오답 노트	영단어 시험 보기
피부, (동물의) 껍질			
어두운			
기름기가 많은			
우유 같은, 우유로 만든			
부드러운			
주, 일주일			
지난, 과거			
다음의			
전체의			
바쁜			

10 복통

점수 /10

뜻	영단어 쓰기	오답 노트	영단어 시험 보기
아픔, 쑤심			
위, 배			
배			
마음, 심장			
근육			
악기, 기구			
전통적인			
놋쇠, 황동			
현대의, 근대의			
줄, 끈			

11 *Morning Exercise*

점수 /10

영단어	뜻 쓰기	오답 노트	뜻 시험 보기
language			
first			
foreign			
unknown			
dead			
exercise			
daily			
morning			
regular			
outdoor			

12 *A Magical Tale*

점수 /10

영단어	뜻 쓰기	오답 노트	뜻 시험 보기
judge			
court			
army			
beauty			
fair			
tale			
heroic			
magical			
amazing			
humorous			

11 아침 운동

점수 　/10

뜻	영단어 쓰기	오답 노트	영단어 시험 보기
언어			
첫 번째의, 최초의 것			
외국의			
알려지지 않은			
죽은			
운동, 연습 문제, 운동하다			
매일의, 매일 일어나는			
아침			
규칙적인, 정기적인			
야외의			

12 마술 이야기

점수 　/10

뜻	영단어 쓰기	오답 노트	영단어 시험 보기
판사, 심사 위원			
법정			
군대			
미, 미인, 아름다움			
공정한, 박람회			
이야기			
영웅적인			
마술의			
놀라운			
재미있는, 유머스한			

13 *World Trade*

점수 /10

영단어	뜻 쓰기	오답 노트	뜻 시험 보기
world			
natural			
plant			
population			
trade			
example			
common			
familiar			
historical			
great			

14 *A Brave Fight*

점수 /10

영단어	뜻 쓰기	오답 노트	뜻 시험 보기
mark			
burn			
scratch			
tooth			
cross			
fight			
brave			
tough			
bitter			
real			

13 세계 무역

점수 /10

뜻	영단어 쓰기	오답 노트	영단어 시험 보기
세계, 세상			
자연의			
식물, (식물을) 심다			
인구			
무역			
예, 모범			
흔한, 보통의			
친숙한			
역사적, 역사의			
훌륭한, 대단한			

14 용감한 싸움

점수 /10

뜻	영단어 쓰기	오답 노트	영단어 시험 보기
자국, 표시, 표시하다			
탄(덴) 자국, 불에 타다			
할퀸 상처, 할퀴다			
이, 이빨			
십자, 가로질러 건너다			
싸움, 싸우다			
용감한			
거친			
격렬한			
진짜의, 현실의			

16

접어서
확인해
봐!

15 A Good Character

점수 /10

영단어	뜻 쓰기	오답 노트	뜻 시험 보기
character			
gentle			
good			
evil			
strong			
decision			
right			
wise			
foolish			
wrong			

16 A Classic Novel

점수 /10

영단어	뜻 쓰기	오답 노트	뜻 시험 보기
place			
comfortable			
peaceful			
high			
horrible			
novel			
classic			
special			
clear			
simple			

15 좋은 성격

점수   /10

뜻	영단어 쓰기	오답 노트	영단어 시험 보기
성격, 특징, 등장인물			
온화한, 부드러운			
좋은, 선한			
사악한, 악한			
강한			
결정			
옳은, 오른쪽의			
현명한			
바보 같은, 어리석은			
잘못된, 틀린			

16 명작 소설

점수   /10

뜻	영단어 쓰기	오답 노트	영단어 시험 보기
장소, 놓다			
편안한			
평화로운			
높은, 높게			
끔찍한, 무시무시한			
소설			
명작의, 최고의			
특별한			
알아보기 쉬운, 분명한			
단순한			

17 *Popular Culture*

점수   /10

영단어	뜻 쓰기	오답 노트	뜻 시험 보기
opinion			
personal			
honest			
major			
public			
culture			
old			
street			
youth			
popular			

18 *Average Score*

점수   /10

영단어	뜻 쓰기	오답 노트	뜻 시험 보기
half			
asleep			
price			
dollar			
year			
average			
below			
cost			
quality			
score			

17 대중 문화   점수 /10

뜻	영단어 쓰기	오답 노트	영단어 시험 보기
의견			
개인의			
정직한			
다수의			
공공의			
문화			
오래된, 늙은			
거리			
청년, 젊은이			
대중의, 인기 있는			

18 평균 점수   점수 /10

뜻	영단어 쓰기	오답 노트	영단어 시험 보기
반, 절반			
잠이 든			
가격			
달러			
년, 해			
평균, 평균의			
~ 이하의, ~ 아래로			
비용, 값			
품질			
점수, 득점			

19 *Only Hope*

점수   /10

영단어	뜻 쓰기	오답 노트	뜻 시험 보기
hope			
only			
last			
sincere			
false			
matter			
private			
important			
other			
different			

20 *Clever Advice*

점수   /10

영단어	뜻 쓰기	오답 노트	뜻 시험 보기
advice			
helpful			
useful			
clever			
practical			
piece			
news			
fruit			
cloth			
furniture			

19 유일한 희망

점수   /10

뜻	영단어 쓰기	오답 노트	영단어 시험 보기
희망, 희망하다			
유일한, 단지			
마지막의, 지난			
진심의			
잘못된, 거짓의			
문제			
사적인			
중요한			
(이것 말고 또) 다른			
(모양이나 성격이) 다른			

20 현명한 충고

점수   /10

뜻	영단어 쓰기	오답 노트	영단어 시험 보기
조언, 충고			
도움이 되는			
유용한			
현명한			
실용적인			
한 개, 한 조각			
뉴스, 소식			
과일			
천			
가구			

21 *A Harmful Insect*

점수   /10

영단어	뜻 쓰기	오답 노트	뜻 시험 보기
goose			
golden			
wild			
feed			
fly			
insect			
harmful			
crawl			
attack			
bite			

22 *Enjoy Vacation!*

점수   /10

영단어	뜻 쓰기	오답 노트	뜻 시험 보기
daughter			
little			
twin			
raise			
adult			
vacation			
plan			
during			
enjoy			
spend			

21 해로운 곤충

점수 /10

뜻	영단어 쓰기	오답 노트	영단어 시험 보기
거위			
황금의			
야생의, 거친			
(동물에게) 먹이를 주다			
날다			
곤충, 벌레			
해로운			
기어가다			
공격하다			
물다, 물기			

22 방학을 즐겨라!

점수 /10

뜻	영단어 쓰기	오답 노트	영단어 시험 보기
딸			
어린, 작은, 조금			
쌍둥이			
기르다, 들어 올리다			
성인, 어른			
방학			
계획, 계획하다			
~ 동안			
즐기다			
보내다, (돈을) 쓰다			

23 *A Noisy Neighbor*

점수 /10

영단어	뜻 쓰기	오답 노트	뜻 시험 보기
blood			
pure			
royal			
type			
flow			
neighbor			
near			
noisy			
wake			
complain			

절
취
선
✂

24 *Weather Forecast*

점수 /10

영단어	뜻 쓰기	오답 노트	뜻 시험 보기
weather			
condition			
check			
report			
forecast			
passenger			
wait			
board			
pass			
ride			

접어서
확인해
봐!

23 시끄러운 이웃

점수 /10

뜻	영단어 쓰기	오답 노트	영단어 시험 보기
피, 혈통			
순수한			
왕족의, 왕의			
형태, 종류			
흐르다			
이웃			
가까운, 가까이			
시끄러운			
깨우다, 깨다			
불평하다			

24 날씨 예보

점수 /10

뜻	영단어 쓰기	오답 노트	영단어 시험 보기
날씨, 기상			
상태			
확인, 확인하다			
발표, 보고, 발표하다			
예보, 예보하다			
승객			
기다리다			
탑승하다, 널빤지			
통과하다, 통과			
타다			

절취선

25 *A Friendly Talk*

점수 /10

영단어	뜻 쓰기	오답 노트	뜻 시험 보기
college			
enter			
life			
course			
library			
talk			
friendly			
lively			
avoid			
finish			

26 *A Future Husband*

점수 /10

영단어	뜻 쓰기	오답 노트	뜻 시험 보기
husband			
future			
ideal			
meet			
marry			
vegetable			
garden			
root			
fresh			
add			

절취선

25 친근한 대화

점수 /10

뜻	영단어 쓰기	오답 노트	영단어 시험 보기
대학			
들어가다			
생활			
과정			
도서관			
대화, 말하다			
친근한			
활기(생기) 넘치는			
피하다			
끝내다			

26 미래의 남편

점수 /10

뜻	영단어 쓰기	오답 노트	영단어 시험 보기
남편			
미래의, 미래			
이상적인			
만나다			
결혼하다			
채소, 야채			
정원			
뿌리			
신선한			
더하다, 넣다			

접어서
확인해
봐!

27 Cook Cabbage!

점수 /10

영단어	뜻 쓰기	오답 노트	뜻 시험 보기
cabbage			
leaf			
chop			
boil			
cook			
collection			
coin			
get			
own			
show			

28 Nail Scissors

점수 /10

영단어	뜻 쓰기	오답 노트	뜻 시험 보기
scissors			
sharp			
use			
nail			
cut			
country			
lead			
rule			
protect			
save			

절
취
선

27 양배추를 요리해라!

점수   /10

뜻	영단어 쓰기	오답 노트	영단어 시험 보기
양배추			
잎			
자르다, 썰다			
끓이다			
요리하다, 요리사			
수집(품), 소장품			
동전			
얻다			
자신의, 소유하다			
보여 주다			

28 손톱 가위

점수   /10

뜻	영단어 쓰기	오답 노트	영단어 시험 보기
가위			
날카로운			
사용하다			
손톱, 발톱, 못			
자르다			
국가, 시골			
이끌다			
통치하다, 규칙			
보호하다, 지키다			
구하다, (돈을) 모으다			

절
취
선

접어서
확인해
봐!

29 *Bringing a Present*

점수 /10

영단어	뜻 쓰기	오답 노트	뜻 시험 보기
ankle			
hurt			
pain			
twist			
break			
present			
bring			
exchange			
expensive			
worst			

30 *Planet Earth*

점수 /10

영단어	뜻 쓰기	오답 노트	뜻 시험 보기
earth			
planet			
above			
move			
around			
accident			
traffic			
happen			
serious			
terrible			

29 선물 가져오기

점수 /10

뜻	영단어 쓰기	오답 노트	영단어 시험 보기
발목			
다치다			
통증, 아픔			
삐다, 비틀다			
부러지다, 깨지다			
선물, 현재, 현재의			
가져오다			
교환하다			
비싼			
최악의			

30 지구라는 행성

점수 /10

뜻	영단어 쓰기	오답 노트	영단어 시험 보기
지구, 땅, 흙			
행성			
~ 위에, 위에			
움직이다			
~ 주위를 돌아, 대략			
사고, 사건, 우연			
교통			
발생하다, 일어나다			
심각한			
끔찍한			

31 *Climate Change*

접수 /10

영단어	뜻 쓰기	오답 노트	뜻 시험 보기
change			
global			
climate			
temperature			
unwelcome			
match			
play			
watch			
against			
between			

32 *A Travel Experience*

접수 /10

영단어	뜻 쓰기	오답 노트	뜻 시험 보기
customer			
question			
order			
agree			
information			
experience			
childhood			
unique			
direct			
travel			

31 기후 변화

점수 /10

뜻	영단어 쓰기	오답 노트	영단어 시험 보기
변화, 바꾸다			
지구의, 세계적인			
기후			
온도, 기온			
반갑지 않은			
경기, 시합, 어울리다			
(경기를) 하다, 놀다			
지켜보다, 주의하다			
~와 맞선, ~에 대항하여			
~ 사이에			

32 여행 경험

점수 /10

뜻	영단어 쓰기	오답 노트	영단어 시험 보기
고객			
질문			
주문하다, 주문			
동의하다			
정보			
경험			
어린 시절			
독특한			
직접적인			
여행, 여행하다			

33 A Museum Tour

점수 /10

영단어	뜻 쓰기	오답 노트	뜻 시험 보기
museum			
national			
build			
visit			
tour			
contest			
international			
speech			
win			
lose			

34 Let's Recycle Waste.

점수 /10

영단어	뜻 쓰기	오답 노트	뜻 시험 보기
waste			
household			
produce			
store			
recycle			
lesson			
teach			
remember			
learn			
forget			

33 박물관 관광   점수   /10

뜻	영단어 쓰기	오답 노트	영단어 시험 보기
박물관			
국가의			
짓다, 건설하다			
방문하다			
관광, 여행			
대회, 시합			
국제적인			
연설			
이기다, (상 등을) 타다			
지다, 잃어버리다			

34 쓰레기를 재활용하자.   점수   /10

뜻	영단어 쓰기	오답 노트	영단어 시험 보기
폐기물, 쓰레기, 낭비하다			
가정			
생산하다			
저장하다, 가게			
재활용하다			
수업, 교훈, 과			
가르치다			
기억하다			
배우다			
잊어버리다			

35 *Wipe the Dust!*

영단어	뜻 쓰기	오답 노트	뜻 시험 보기
dust			
blow			
sweep			
wipe			
remove			
bottom			
sink			
fall			
reach			
touch			

36 *Shake Your Head!*

영단어	뜻 쓰기	오답 노트	뜻 시험 보기
head			
bend			
drop			
lift			
shake			
favor			
need			
ask			
expect			
receive			

35 먼지를 닦아라!

점수 /10

뜻	영단어 쓰기	오답 노트	영단어 시험 보기
먼지			
(바람이 / 입으로) 불다			
쓸다			
닦다			
제거하다			
바닥, 맨 아래			
가라앉다			
떨어지다			
도착하다			
닿다, 만지다			

36 머리를 흔들어라!

점수 /10

뜻	영단어 쓰기	오답 노트	영단어 시험 보기
머리			
숙이다, 구부리다			
떨어뜨리다			
들어 올리다, 승강기			
흔들다, 흔들리다			
호의, 친절, 부탁			
필요하다			
요청하다, 질문하다			
기대하다			
받다			

37 *Spread Wings!*

점수 /10

영단어	뜻 쓰기	오답 노트	뜻 시험 보기
wave			
ocean			
rise			
hit			
crash			
wing			
feather			
fold			
stretch			
spread			

38 *Don't Switch the Subject!*

점수 /10

영단어	뜻 쓰기	오답 노트	뜻 시험 보기
word			
spell			
repeat			
mean			
understand			
subject			
treat			
discuss			
debate			
switch			

37 날개를 펴라!

점수 /10

뜻	영단어 쓰기	오답 노트	영단어 시험 보기
파도			
바다, 대양			
일어나다, 오르다			
때리다			
부딪치다, 사고			
날개			
깃털			
접다			
늘이다			
펴다			

38 주제를 바꾸지 마라!

점수 /10

뜻	영단어 쓰기	오답 노트	영단어 시험 보기
단어, 말			
철자를 말하다			
반복하다			
의미하다			
이해하다			
주제, 과목			
다루다			
상의(논의)하다			
토론하다			
바꾸다, 스위치			

39 *Wear Glasses!*

점수   /10

영단어	뜻 쓰기	오답 노트	뜻 시험 보기
wear			
glasses			
tie			
fur			
trousers			
fail			
exam			
business			
again			
totally			

40 *To Find Happiness*

점수   /10

영단어	뜻 쓰기	오답 노트	뜻 시험 보기
explain			
how			
reason			
detail			
well			
find			
answer			
way			
joy			
happiness			

39 안경을 써라!

점수   /10

뜻	영단어 쓰기	오답 노트	영단어 시험 보기
입다, 쓰다, 매다, 끼다			
안경			
넥타이, 묶다			
털, 모피			
(긴) 바지			
실패하다			
시험			
사업			
다시			
완전히			

40 행복을 찾기 위해서

점수   /10

뜻	영단어 쓰기	오답 노트	영단어 시험 보기
설명하다			
어떻게			
이유			
세부 사항			
잘			
찾다			
답, 대답, 대답하다			
방법, 길			
기쁨			
행복			

접어서
확인해
봐!

41 *Taking a Breath*

점수 /10

영단어	뜻 쓰기	오답 노트	뜻 시험 보기
take			
walk			
breath			
shower			
medicine			
catch			
thief			
cold			
fish			
alive			

42 *Keep Calm.*

점수 /10

영단어	뜻 쓰기	오답 노트	뜻 시험 보기
keep			
pace			
distance			
calm			
balance			
make			
sure			
choice			
error			
mistake			

접어서
확인해
봐!

41 숨쉬기

점수 /10

뜻	영단어 쓰기	오답 노트	영단어 시험 보기
가져가다, 먹다			
걸음, 걷다			
숨			
샤워, 소나기			
약, 의학			
잡다, 받다			
도둑			
감기, 추운			
물고기			
살아 있는			

42 침착해라.

점수 /10

뜻	영단어 쓰기	오답 노트	영단어 시험 보기
유지하다, 지키다			
보폭, 속도			
거리			
침착함, 침착한			
균형			
만들다, ~하게 하다			
확실한			
선택			
오류, 잘못			
실수, 오해하다			

접어서
확인해
봐!

43 *Sending an Email*

점수 /10

영단어	뜻 쓰기	오답 노트	뜻 시험 보기
pay			
cash			
bill			
tax			
debt			
send			
email			
package			
message			
invitation			

절
취
선

44 *Let's Join Together.*

점수 /10

영단어	뜻 쓰기	오답 노트	뜻 시험 보기
grow			
seem			
begin			
start			
continue			
join			
wish			
decide			
invite			
together			

43 이메일 보내기

점수 /10

뜻	영단어 쓰기	오답 노트	영단어 시험 보기
지불하다			
현금			
청구서			
세금			
빚			
보내다			
이메일			
소포			
메시지			
초대장, 초대			

44 함께 참여하자.

점수 /10

뜻	영단어 쓰기	오답 노트	영단어 시험 보기
자라다, 성장하다			
~인 것 같다			
시작하다			
시작하다, 출발하다			
계속하다			
함께하다, 합류하다			
바라다, 소망하다			
결심하다			
초대하다			
함께			

45 *Living Abroad*

접어서 확인해 봐!

점수 /10

영단어	뜻 쓰기	오답 노트	뜻 시험 보기
like			
especially			
always			
still			
never			
live			
alone			
apart			
abroad			
without			

절취선

46 *Stand Straight!*

점수 /10

영단어	뜻 쓰기	오답 노트	뜻 시험 보기
stand			
straight			
upright			
proudly			
silently			
knock			
loudly			
lightly			
quietly			
politely			

45 해외에서 살기

점수 /10

뜻	영단어 쓰기	오답 노트	영단어 시험 보기
좋아하다, ~처럼			
특히			
항상			
여전히			
결코 ~ 않다			
살다			
홀로, 외로운			
떨어져서			
해외에			
~ 없이			

46 똑바로 서라!

점수 /10

뜻	영단어 쓰기	오답 노트	영단어 시험 보기
서다, 서 있다, 일어서다			
똑바로			
반듯이			
자랑스럽게			
말없이, 조용히			
노크하다, 치다, 노크 소리			
큰소리로			
약하게, 가볍게			
조용히			
정중하게, 예의 바르게			

47 Don't Drive Fast!

점수 /10

영단어	뜻 쓰기	오답 노트	뜻 시험 보기
arrive			
early			
soon			
safely			
finally			
drive			
drink			
fast			
quickly			
away			

48 Borrowing Ideas

점수 /10

영단어	뜻 쓰기	오답 노트	뜻 시험 보기
race			
toward			
through			
into			
across			
borrow			
from			
idea			
heavily			
freely			

47 **빨리 운전하지 마라!** 점수 /10

뜻	영단어 쓰기	오답 노트	영단어 시험 보기
도착하다			
일찍			
곧			
안전하게			
마침내			
운전하다			
(음료, 술 등을) 마시다			
빨리, 빠른			
재빠르게			
멀리, 떨어진 곳에			

48 **아이디어 빌려오기** 점수 /10

뜻	영단어 쓰기	오답 노트	영단어 시험 보기
질주(경주)하다, 경주, 인종			
~ 쪽으로, ~을 향하여			
~을 통과하여			
~ 안으로			
~을 가로질러			
빌리다, 가져오다			
~로부터			
아이디어, 생각			
아주 많이, 심하게			
자유롭게			

49 *Every Day*

점수 /10

영단어	뜻 쓰기	오답 노트	뜻 시험 보기
every			
second			
minute			
hour			
day			
feel			
thirsty			
strange			
dizzy			
sorry			

50 *I'm Just Afraid.*

점수 /10

영단어	뜻 쓰기	오답 노트	뜻 시험 보기
roll			
along			
forward			
backward			
down			
afraid			
just			
almost			
suddenly			
deeply			

49 매일

점수 /10

뜻	영단어 쓰기	오답 노트	영단어 시험 보기
모든, 매			
초, 순간, 두 번째			
분, 순간, 극히 작은			
시간			
날, 하루, 요일, 낮			
느끼다			
목마른			
이상한			
어지러운			
미안한, 안된			

50 난 단지 두려워.

점수 /10

뜻	영단어 쓰기	오답 노트	영단어 시험 보기
구르다, 통, 둥근 빵			
~을 따라			
앞으로			
뒤로			
아래로			
두려워하는, 걱정하는			
단지, (정확히) 딱			
거의			
갑자기			
깊이, 아주(너무)			

연필 잡고 쓰다 보면 기초 영문법이 끝난다

E&E 영어 연구소 이정선 지음

바쁜 친구들이 즐거워지는 빠른 학습법

바빠 초등 영문법 1

5·6 학년용

BEST SELLER 쓰기 영문법

원어민 음원도 있어요 !

★ 초등 영문법 총정리 중학 기초 문법까지 더했다!
★ 핵심 비법은 비교 문장 외우지 않고 느끼며 배운다!
★ 문법이 쌓이는 누적 설계 나도 모르게 저절로 복습된다!

이지스에듀

바빠 초등 영문법 5·6 학년용 1~3 권 | 각 권 13,000 원

★ ★ ★
문법이 쌓이는 누적식 학습 설계

연필 잡고 쓰다 보면 기초 영문법이 끝난다 !

초등 영어 필수 문장 961개 듣기

이지스에듀 유튜브에서도 들을 수 있어요

이 책의 Bonus!

PDF '시험에는 이렇게 나온다' 문법 TEST PDF 제공

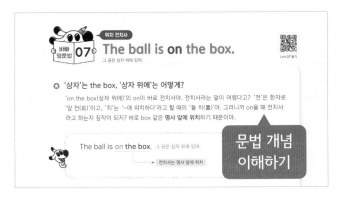

위치 전치사
바빠 영문법 07
The ball is on the box.
그 공은 상자 위에 있어.

☆ '상자'는 the box, '상자 위에'는 어떻게?

문법 개념 이해하기

01 비교하면 답 이 보인다!

나는 ~이다 / 가수.
I am a singer.
❶ He _____ a singer.
그는 / ~이다 / 가수.

너는 ~이다 / 댄서.
You are a dancer.
She _____ a dancer.
그녀는 / ~이다 / 댄서.

문장 비교로 문법 감각 깨우기

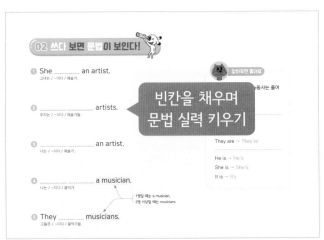

02 쓰다 보면 문법 이 보인다!

빈칸을 채우며 문법 실력 키우기

03 문장 이 써지면 이 영문법은 OK!

문장이 써지면 이 영문법은 OK!

아들이 하고 싶은 문법 교재라며 고른 첫 번째 책 ! 문법 공부를 스스로 하고 있어요 ! – 학부모의 찬사

짝 단어로 끝내는 바빠 초등 영단어 5·6 학년용

알찬 교육 정보도 만나고 출판사 이벤트에도 참여하세요!

1. 바빠 공부단 카페

'바빠 공부단'에 가입해 공부하면 좋아요!
'바빠 공부단'에 참여하면 국어, 영어, 수학
담당 바빠쌤의 지도와 격려를 받을 수 있어요.

2. 인스타그램 + 카카오톡 채널

'이지스에듀' 인스타그램을 팔로우하세요!
바빠 시리즈 출간 소식과 출판사 이벤트, 구매 혜택을 가장
먼저 알려 드려요!

easys_edu 이지스에듀 이지스에듀
친구 1,328

무리는 아이들을 탈락시키지 않고 목적지까지 모두 데리고 갑니다

영역별 연산책 바빠 연산법
방학 때나 학습 결손이 생겼을 때~

- ·바쁜 1·2학년을 위한 빠른 **덧셈**
- ·바쁜 1·2학년을 위한 빠른 **뺄셈**
- ·바쁜 초등학생을 위한 빠른 **구구단**
- ·바쁜 초등학생을 위한
  빠른 **시계와 시간**

- ·바쁜 초등학생을 위한
  빠른 **길이와 시간 계산**
- ·바쁜 3·4학년을 위한 빠른 **덧셈/뺄셈**
- ·바쁜 3·4학년을 위한 빠른 **곱셈**
- ·바쁜 3·4학년을 위한 빠른 **나눗셈**
- ·바쁜 3·4학년을 위한 빠른 **분수**
- ·바쁜 3·4학년을 위한 빠른 **소수**
- ·바쁜 3·4학년을 위한 빠른 **방정식**

- ·바쁜 5·6학년을 위한 빠른 **곱셈**
- ·바쁜 5·6학년을 위한 빠른 **나눗셈**
- ·바쁜 5·6학년을 위한 빠른 **분수**
- ·바쁜 5·6학년을 위한 빠른 **소수**
- ·바쁜 5·6학년을 위한 빠른 **방정식**
- ·바쁜 초등학생을 위한 빠른
  **약수와 배수, 평면도형 계산,
  입체도형 계산, 자연수의 혼합 계산,
  분수와 소수의 혼합 계산, 비와 비례,
  확률과 통계**

바빠 국어/ 급수한자
초등 교과서 필수 어휘와 문해력 완성!

- ·바쁜 초등학생을 위한 빠른 **맞춤법 1**
- ·바쁜 초등학생을 위한
  빠른 **급수한자 8급**
- ·바쁜 초등학생을 위한 빠른 **독해 1, 2**

- ·바쁜 초등학생을 위한 빠른 **독해 3, 4**
- ·바쁜 초등학생을 위한 빠른 **맞춤법 2**
- ·바쁜 초등학생을 위한
  빠른 **급수한자 7급 1, 2**

- ·바쁜 초등학생을 위한
  빠른 **급수한자 6급 1, 2, 3**
- ·보일락 말락~ 바빠 급수한자판
  + 6·7·8급 모의시험

- ·바빠 초등 **한자 총정리**
- ·바쁜 초등학생을 위한 빠른 **독해 5, 6**

재미있게 읽다 보면
나도 모르게
교과 지식까지 쑥쑥!

바빠 영어
우리 집, 방학 특강 교재로 인기 최고!

- ·바쁜 초등학생을 위한 빠른 **알파벳 쓰기**
- ·바쁜 초등학생을 위한
  빠른 **영단어 스타터 1, 2**
- ·바쁜 초등학생을 위한
  빠른 **사이트 워드 1, 2** 유튜브 강의 제공
- ·바쁜 초등학생을 위한 빠른 **파닉스 1, 2**

- ·전 세계 어린이들이 가장 많이 읽는
  영어동화 100편 : 명작/과학/위인동화
- ·짝 단어로 끝내는 바빠 **초등 영단어**
  — 3·4학년용
- ·바쁜 3·4학년을 위한 빠른 **영문법 1, 2**
- ·바빠 초등 필수 **영단어**
- ·바빠 초등 필수 **영단어 트레이닝**
- ·바빠 초등 **영어 교과서 필수 표현**
- ·바빠 초등 **영어 일기 쓰기**

- ·짝 단어로 끝내는 바빠 **초등 영단어**
  — 5·6학년용
- ·바빠 초등 **영문법** — 5·6학년용 1, 2, 3
- ·바빠 초등 **영어시제 특강** — 5·6학년용
- ·바쁜 5·6학년을 위한 빠른 **영작문**
- ·바빠 초등 하루 5문장 **영어 글쓰기 1, 2**

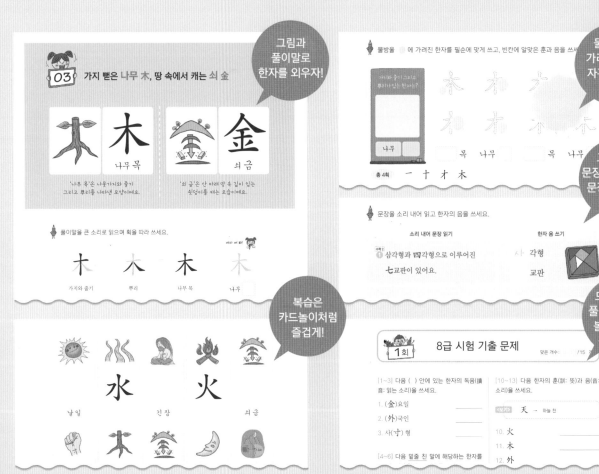